のばして包んで、焼いて揚げて蒸して!

米粉の万能生地

石澤清美

目次

調理法別に楽しむ

焼く

揚げる

蒸しゆで

蒸す

オーブン焼き

＊計量単位は、１カップ＝200mℓ、大さじ１＝15mℓ、小さじ１＝5mℓです。
＊オーブンの温度や焼き時間は目安です。機種によって違いがあるので加減してください。
＊電子レンジは出力600Wのものを使っています。500Wの場合は1.2倍にしてください。
機種によって違いがあるので、様子をみて加減してください。
＊オリーブ油は、エキストラバージンオリーブ油を使います。
＊塩は自然塩を使います。
＊ヌクマムはナンプラー、魚醤で代用可です。

はじめに

あるとき。
毎日小麦粉ばかり食べているなあ、と気になりはじめました。
大好きなパンやお菓子、パスタなどの麺をはじめ、
餃子や春巻きの皮、ルウや市販のソースなどなど、
見渡す限り、あれもこれも小麦粉製品。

そこで。
小麦だけにならないよう、おやつやパンを米粉で作り、
ルウや揚げ衣など、料理にも頻繁に使うようにしました。
そして思ったのは、米粉は万能！ ということ。

ならば。
もっともっといろいろな料理に使いたい。
べったり重い米粉生地を粉寒天のとろみでしなやかにし、
少量のおから粉で粘っこさをやわらげたら
あれこれ包めて、ピザにもパスタにもなる、
のびよし、歯切れよしの米粉生地ができました。

まずは。
ただのばしてフライパンで焼いてみてほしいなあ。
この上なくシンプルなのに、塩にぎりの如き病みつきのおいしさ。
無駄に主張しない素の味わいは、
和洋中エスニックなど、相手を選ばない懐の深さの現れ。

思えば。
米粉は米だから、
水が多いご飯が粥になってしまうように、要(かなめ)は水加減。
中でも蒸しゆでの水は必要最低限に。
あとは思うがまま。
焼いて、揚げて、蒸して、ゆでて、自由自在。
おいしい、楽しい米粉ライフをご一緒に！

石澤清美

米粉100gで万能生地を作ります

この本で使う米粉生地は一つ。手軽に作れるように米粉100gを基本にした配合です。より正確に計量できるよう、1g単位で計量できるスケールを使います。

米粉について

米粉は多くの種類がありますが、粒の大きさ、アミロース含有率、デンプン損傷度、水分含有率から、農林水産省で用途別基準が定められています。本書ではスーパーなどで一般的に米粉として販売されている、菓子・料理用規格のものを使っています。流通量も多く手に入りやすいですが、よくわからない場合は、「菓子・料理用」(パン用も可)もしくは「1番(菓子料理用)」と明記されているものを選びましょう。もち米粉や白玉粉、玄米粉は適しません。上新粉は米粉と同じうるち米が原料ですが、粒が大きいので本書のレシピには不向き。自家製粉の米粉もおすすめできません。近隣で手に入る20種類ほどの米粉を試し、本書のレシピが作れることを確認していますが、不明な場合は菓子・料理用途かどうか、メーカーに確認して使ってください。

米粉生地の作り方

① 500mℓ程度入る耐熱ボウルに粉寒天を入れ、水60gを注いでおく。

② 小さなボウルに片栗粉を入れ、水30gを注ぎ、米油を加える。

③ 別のボウルに米粉、おから粉、塩を入れてざっと混ぜる。

④ ①を軽く混ぜ、ふんわりとラップをかけ、電子レンジで１分20〜30秒加熱して煮立てて、煮溶かす。寒い時期は10〜20秒多めに加熱。

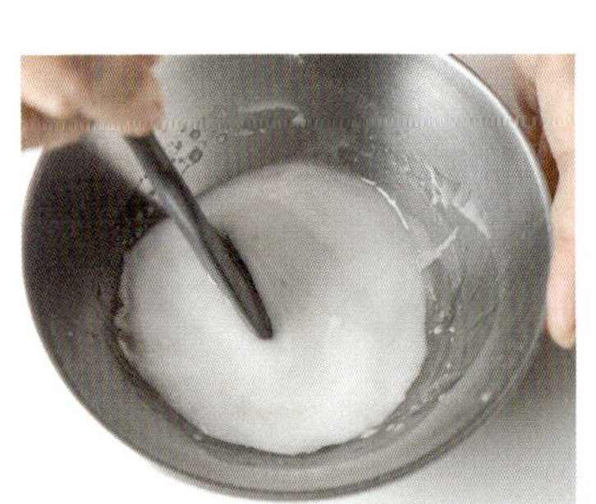

⑤ ④を加熱している間に、②を混ぜてなめらかにする。

⑥ ④を電子レンジから取り出したら熱いうちに⑤を加え、手早く底から混ぜる。

⑦ １分ほど混ぜて余熱で半透明のもち状にする。もち状にならない場合は、ラップをして電子レンジで10秒ほど温めて混ぜる。

⑧ ③のボウルに⑦を加え、粉をまぶしながら手のひらで練り混ぜる。最初は米粉(分量外)をまぶして折り込むようにする。熱いので注意。

⑨ そのうち混ぜ込みにくくなるが、必ずひとまとまりになるので頑張って練る。つるっとなめらかになるまで練る。

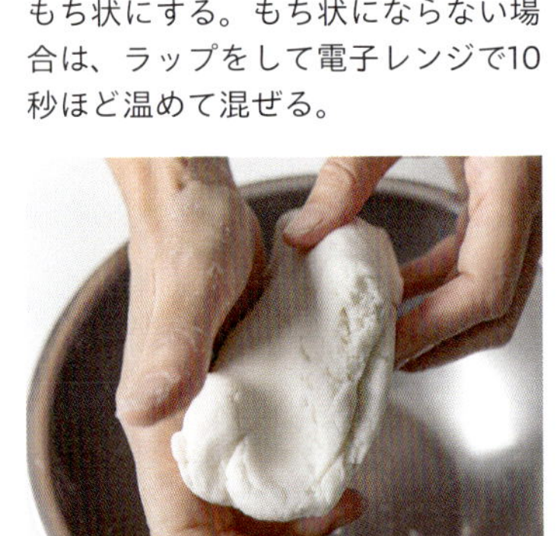

⑩ 生地を軽く握って離すと、多少粘りつつ手のひらから自然にはがれるくらいが目安。ベタつく場合は米粉(分量外)を少しずつ加える。

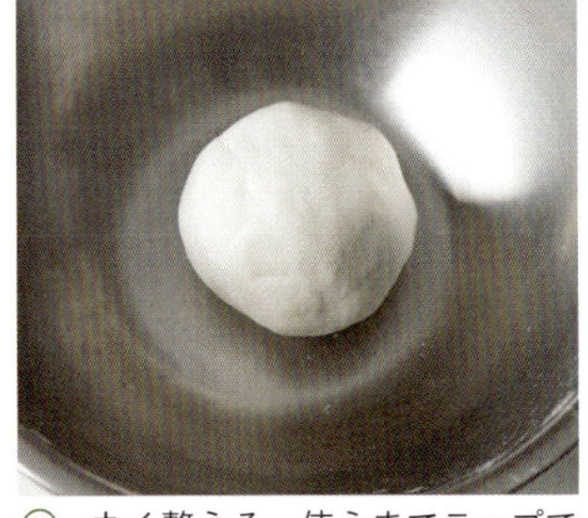

⑪ 丸く整える。使うまでラップで包んでおくとのばしやすい。使うときに再度練り、全体を均一な状態にする。

米粉生地と上手につき合うコツがあります

米粉生地は小麦粉生地と違ってグルテンが含まれていないので、その分保水力がなく、かたくなったり乾燥しがち。何回か作っていくうちに、コツがつかめるようになるはずです。

米粉生地をおいしく作る最大のコツは水分

✚ 生地を練るときは……（写真左上）

生地がかたいときは、指に水をつけて練り込むことを数回繰り返します。かたいからと言って一度に大さじ１もの水を加えると一気に生地がゆるんでしまうので、必ず少しずつを守って。

✚ 生地ができたら……（写真左中）

使うまでラップで包んでおくと、のばしやすくなります。
使うときに再度練って全体を均一な状態にします。寝かしている間にベタつく場合は、米粉を足して練り混ぜます。

✚ 成形するときは……

のばした生地はまわりからどんどん乾燥します。餃子など包む料理では、慣れないうちは１～２枚のばしたらすぐに包みましょう。慣れてきても一度に全部のばさず、半量ずつ作るのがおすすめです。

✚ 成形したものは……

乾燥しないように調理するまでラップをかけておきます。成形を失敗しても、練り直して何度でも使えます。

✚ 調理したら……

乾燥を防いでふっくらさせるために、水でぬらしてかたく絞ったキッチンペーパーやアルミホイルをかぶせておきます。

✚ 残った生地の保存は……（写真左下）

半端に残ったものはまとめてラップに包み、冷蔵庫の野菜室で１～２日保存できます。冷えてカチカチになっているので、手のひらの熱で練りながらなめらかにするか、ラップに包んだまま電子レンジで10秒ほど加熱してから練って元の状態にします。

米粉生地は必要サイズにのばして使う

米粉の皮は小麦粉の皮と異なり、引っ張ってものびず、無理に引っ張ろうとするとちぎれてしまいます。最初から包みたいサイズにのばしましょう。また、生地の厚みによって食感が大きく変わります。レシピに記載されたサイズにのばすことで料理に合った厚みになりますので、最初はレシピ通りにのばしてください。

油を上手に使う

乾燥や必要以上に水を含むことを防ぐために、油分を使います。ピッツァならチーズや油を縁までぬってから具をのせると、おいしく仕上がります。ゆでる前に油を絡めたり、ゆでたあとに絡めるなども同様です。

一つの生地でこんなことができます

この本で紹介する生地は、まさに万能生地。いろいろな調理法に対応できるから、ピッツァも、餃子も、麺も作れます。米粉生地は保水力が少ないので、どの料理も作りたてが一番です。

米粉生地の使い方

✤ のばす

めん棒で大きくのばしてピッツァ台やタルト台にしたり、ラザニアに使ったり、薄焼きパン、ガレットに。

✤ のばして巻く

のばした生地に具をのせてロール状に巻きます。棒餃子、春巻きなどに。

✤ のばして包む

のばした生地に具をのせて半折りにしたり、ひだを寄せて包んだり。餃子、サモサ、おやき、饅頭など、幅広く使えます。

✤ 棒状にして切る

生地を手で棒状にのばして切り分け、ショートパスタなどの麺、ニョッキ、グリッシーニなどに。

米粉生地の調理法

✤ 焼く

フライパンで焼くのが最も簡単ですが、ホットサンドメーカーやオーブン、オーブントースターで焼くのもおすすめ。米粉生地ならではの香ばしさが楽しめます。

✤ 揚げる

表面はカリカリッ、中はアツアツ。吸油率が低いので、油っこくならないのが魅力です。

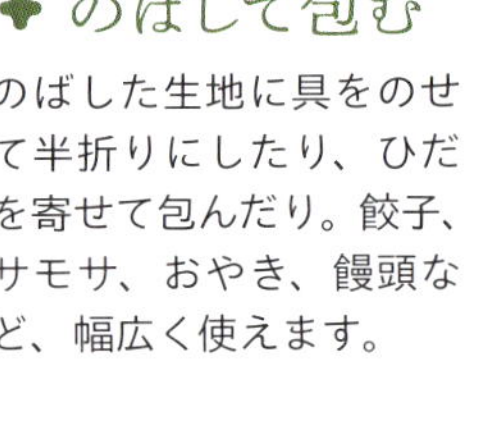

✤ 蒸しゆで

米粉生地に油を絡めてから蒸しゆでにすると、ちょうどいいモチモチ感になります。ゆで汁が多いと皮はちぎれやすく、ねっとりしてしまうので注意。

✤ 蒸す

せいろで蒸すのもおすすめ。米粉生地のモチッとした食感と香り、味が楽しめます。

ピッツァを作ろう

米粉生地で作るピッツァ台はカリッと香ばしく、あっさりとした味わい。
発酵なしで具をのせて焼くだけなので、とっても手軽です。

生トマトのマルゲリータ

チーズとトマトをのせてシンプルに焼き上げ、
香りのアクセントにバジルの葉。オリーブ油を回しかけて
アツアツを食べるのが最高。チーズは好みのものでOKです。

材料(直径24cmのもの１枚分)
米粉生地(p.6参照)　全量
ミディトマト　４個
ピザ用チーズ　80ｇ
バジル　適量
オリーブ油　適量

① ミディトマトはヘタを取り、横に３～４枚の輪切りにする。
② 米粉生地は打ち粉(米粉。分量外)をして手でざっと広げ、めん棒で直径24cm程度に丸くのばす。
③ オーブンシートを敷いた天板にのせ、生地の端までチーズをのせ、トマトをのせる。
④ 190℃に予熱したオーブンで15～18分、チーズが溶けてこんがりするまで焼く。
⑤ 器に盛り、バジルを散らし、オリーブ油を回しかけ、切り分ける。

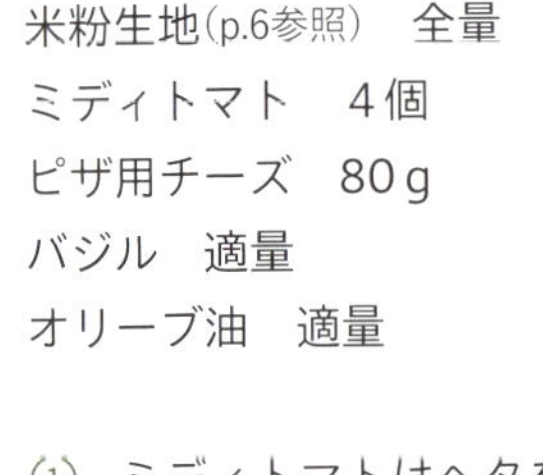
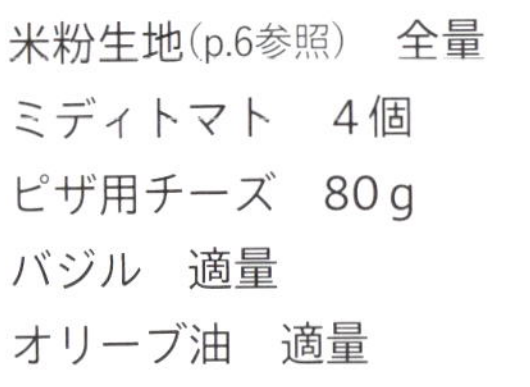

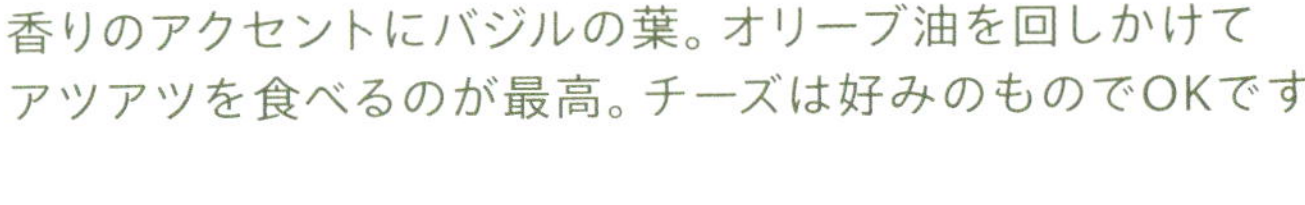

米粉生地を手でのばす。台や生地に打ち粉を少しふっておくと、やりやすい。

めん棒で丸くのばす。ときどきひっくり返し、均一の厚さにする。

生地の端までチーズをのせると、端まで香ばしくなっておいしい。

きのこのピッツァ

練りごまとチーズ、オリーブ油、にんにくで作った
コクのあるペーストをピッツァ生地にぬり、
きのこを山盛りのせて焼き上げます。飽きないおいしさです。

材料(直径24cmのもの1枚分)

米粉生地(p.6参照)　全量
まいたけ　100g
しいたけ　100g
エリンギ　50g
A パルミジャーノチーズのすりおろし　15g
　白練りごま　15g
　オリーブ油　10g
　おろしにんにく　小さじ½
　塩　1g
タイム　4本
パルミジャーノチーズのすりおろし　10g
オリーブ油　大さじ1
チャービル　適量

① まいたけは粗くほぐす。しいたけは石づきを取り、軸ごと4～6つ割りにする。エリンギは食べやすい長さに切り、縦薄切りにする。
② **A**はボウルに入れ、なめらかになるまで混ぜる。
③ 米粉生地は打ち粉(米粉。分量外)をして手でざっと広げ、めん棒で直径24cm程度に丸くのばす。
④ オーブンシートを敷いた天板にのせ、②を端までぬり広げ、きのこを全体に広げてのせる。タイムをちぎって散らし、パルミジャーノチーズをふり、オリーブ油を回しかける。
⑤ 190℃に予熱したオーブンで15～18分焼く。切り分けて器に盛り、チャービルをちぎってのせる。

ペーストはピッツア生地の端までまんべんなくぬる。これで端までおいしい。

きのこは加熱するとカサが減るので、山盛りのせる。好みのきのこでOK。

オリーブ油をたっぷりめにかけて焼くと、ぐっとおいしさが増す。

ピッツァ・パデッラ

パデッラとはイタリア語でフライパンという意味で、
フライパンで作るお手軽ピッツァです。
ここでは基本の米粉生地を2等分し、2種類焼きます。

材料(直径18cmのもの２枚分)
米粉生地(p.6参照)　全量

[ねぎしらす焼き]
長ねぎ　1本
しらす干し　40g
マヨネーズ　大さじ2
パルミジャーノチーズのすりおろし　大さじ1
細ねぎの小口切り　1本分
七味唐辛子　少量

[サラダのせ]
モッツァレラチーズ　80g
にんにくのみじん切り　1かけ分
オリーブ油　小さじ1
レタスリーフミックス　30g
生ハム　20g

① 米粉生地は２等分に切ってそれぞれ丸め、打ち粉(米粉。分量外)をし、めん棒で直径18cm程度にのばす。
② **[ねぎしらす焼き]**を作る。長ねぎは小口切りにし、塩小さじ$\frac{1}{4}$(分量外)をふって軽くもみ、しんなりさせる。
③ フライパンを熱して生地を入れ、30秒ほど焼く。裏返して火を止め、マヨネーズを絞り、長ねぎとしらす干し、チーズを散らす。
④ 再び中火にかけて２分ほど焼き、底面に焼き色がついたら生地のまわりから水小さじ1を加え、ふたをして30秒ほど蒸し焼きにする。器に盛り、細ねぎと七味唐辛子をふる。
⑤ **[サラダのせ]**を作る。モッツァレラチーズは半分に切って薄切りにする。にんにくとオリーブ油は耐熱ボウルに入れ、ラップをかけずに電子レンジで１分加熱。一度大きく混ぜ、こんがりするまでさらに20秒ほどレンジ加熱する。
⑥ フライパンを熱して生地を入れ、30秒ほど焼く。裏返して火を止め、チーズを生地の縁に沿ってのせ、真ん中にものせる。
⑦ 再び中火にかけて２分ほど焼き、底面に焼き色がついたら生地のまわりから水小さじ1を加え、ふたをして30秒ほど蒸し焼きにする。
⑧ 器に盛り、リーフミックスと生ハムをのせ、⑤のオイルをかける。

ねぎしらす焼きは、マヨネーズを全体に細く絞り出し、うまみをプラス。

生地のまわりから水を加えてふたをし、蒸し焼きにして全体に火を通す。

サラダのせは、生地にモッツァレラチーズをのせてボリューム感を出す。

デザートピッツァ

フルーツとチーズで作る、フレッシュ感たっぷりのミニピッツァ。
甘みにはすだき糖やはちみつを使い、ナッツやハーブでアクセントをつけます。
バナナ、いちご、ぶどう、桃、キウイなどを使っても。

材料(直径12cmのもの4枚分)
米粉生地(p.6参照)　全量
[黄桃チーズ]
黄桃(缶詰)　半割のもの3個
クリームチーズ　100g
A レモンの搾り汁　小さじ1
すだき糖またはきび砂糖　大さじ1
すだき糖またはきび砂糖　小さじ2
ミント　少量

[いちじくチーズ]
いちじく　2個
ブルーチーズ　50g
はちみつ　適量
ローストアーモンド*　少量

*ローストアーモンドが手に入らないときは、スライスアーモンドをアルミ箔に広げ、オーブントースターの弱(350W)で7～8分焼く。もしくはフライパンで炒る。

① 米粉生地は4等分に切ってそれぞれ丸め、打ち粉(米粉。分量外)をし、めん棒で直径12cm程度にのばす。
② **[黄桃チーズ]**を作る。黄桃は7mm厚さの薄切りにする。クリームチーズはラップをして電子レンジで10秒ほど加熱し、**A**を加えてなめらかになるまで練る。
③ 天板にオーブンシートを敷き、生地を2枚のせ、チーズをのせて平らにし、黄桃を並べてのせる。
④ 砂糖をふり、チーズが溶けて生地がカリッとするまで、190℃に予熱したオーブンで25分、またはオーブントースターで焼く。器に盛ってミントを散らす。
⑤ **[いちじくチーズ]**を作る。いちじくは6等分のくし形に切る。ブルーチーズは室温でやわらかく練る。
⑥ 天板にオーブンシートを敷き、生地を2枚のせ、チーズをぬっていちじくをのせる。
⑦ はちみつを回しかけ、チーズが溶けて生地がカリッとするまで、190℃に予熱したオーブンで25分、またはオーブントースターで焼く。器に盛ってローストアーモンドを散らす。

基本の米粉生地を4等分に切り、それぞれ丸め、使う直前に丸くのばすとよい。

クリームチーズ、黄桃の順にのせたら、すだき糖をふる。量は好みで加減する。

ブルーチーズ、いちじくをのせたら、はちみつをかけてコクのある甘さにする。

餃子を作ろう

米粉生地で作る餃子の皮はもちっとしていて食べ応えがあるのが特徴。焼いて、揚げて、蒸して……と、調理法を変えていろいろに楽しめます。

焼き餃子

米粉生地はくっつきやすいので、具を包んだら間隔をあけて置いておき、フライパンに並べるときもくっつかないように並べます。
最初に底面をゆっくりと焼きつけ、少ない水で蒸し焼きにするのがコツ。

材料(12個分)

米粉生地(p.6参照)　全量
豚ひき肉　100g
白菜　100g
長ねぎ　30g
にら　20g

A しょうゆ　小さじ1
塩　小さじ$\frac{1}{4}$
ごま油　小さじ$\frac{1}{2}$
おろししょうが　小さじ$\frac{1}{2}$
紹興酒(あれば)　小さじ$\frac{1}{2}$
こしょう　少量
片栗粉　大さじ$\frac{1}{2}$

ごま油　適量
黒酢しょうが*　適量

*しょうがのせん切りにひたひたの黒酢を注いで味をなじませる。

① 白菜、長ねぎ、にらはみじん切りにし、塩小さじ$\frac{1}{3}$(分量外)をふってしんなりするまでおき、水けをしっかり絞る。

② ボウルにひき肉、**A**、①を入れて練り混ぜる。

③ 米粉生地は直径4cm程度の棒状に転がし、12等分に切り分け、それぞれ丸める。打ち粉(米粉。分量外)をし、めん棒で直径10cm程度に丸くのばす。

④ ③の皮に②の具大さじ1をのせて半分に折り、真ん中に向かってひだを寄せながら包む。打ち粉をふったバットなどに間隔をあけて並べる。

⑤ フライパンにごま油大さじ$\frac{1}{2}$をなじませ、④をくっつけないように並べ、弱めの中火で3～4分、ゆっくり底面を焼きつける。

⑥ 焼き色がついたら水大さじ1を餃子にかからないように入れ、ふたをして弱めの中火で1分ほど蒸し焼きにする。

⑦ 皮に透明感が出たらふたを取り、ごま油大さじ$\frac{1}{2}$を回しかけて余分な水分をとばし、パリッと焼き上げる。器に盛り、黒酢しょうがを添える。

生地を転がして棒状にし、12等分に切り、それぞれ直径10cm程度に丸くのばす。

具をのせて包む。打ち粉が多いと開いてしまうので、その場合は水をつけて留める。

底面に焼き色がついたら少ない水を餃子のまわりに入れ、ふたをして蒸し焼きに。

一口棒餃子

米粉生地を丸くのばして具をクルッと巻いて棒状にして焼き上げます。どの餃子にも共通ですが、生地をのばすときは全部まとめてではなく、慣れないうちは1～2枚のばしては具をのせて包むのがおすすめです。

材料(16個分)

米粉生地(p.6参照)　全量
いわし(手開きにしたもの)　3～4尾(正味150ｇ)
白菜キムチ　100ｇ
細ねぎ　30ｇ
しょうが　5ｇ
A みそ　10ｇ
　片栗粉　小さじ2
　粉山椒　少量
ごま油　適量

① いわしは尾を切り落として骨と皮を除き、包丁で細かくたたく。キムチはみじん切りにして汁けを軽く絞る。細ねぎは小口切り、しょうがはみじん切りにする。
② ボウルに①と **A** を入れて練り混ぜる。
③ 米粉生地は直径4cm程度の棒状に転がして16等分に切り分け、それぞれ丸める。打ち粉(米粉。分量外)をし、めん棒で直径8cmに丸くのばす。
④ ③の皮に②の具大さじ1をのせて手前と奥を折りたたんで棒状に包む。打ち粉をふったバットなどに間隔をあけて並べる。
⑤ フライパンにごま油大さじ½をなじませ、④を閉じ目を下にして並べ、弱めの中火でゆっくり焼きつける。焼き色がついたら裏返し、同様にこんがりと焼く。片面２～３分が目安。
⑥ 焼き色がついたら水大さじ1を餃子のまわりに入れ、ふたをして中火で１分ほど蒸し焼きにする。
⑦ 皮に透明感が出たらふたを取り、ごま油大さじ½を回しかけて余分な水分をとばし、パリッと焼き上げる。

生地を転がして棒状にし、16等分に切る。それぞれ直径8cmに丸くのばす。

具をのせて両側から折りたたむようにして包む。左右は具が見えている状態。

閉じ目を下にして間隔を少しあけて並べ、焼きはじめる。これで形がくずれない。

揚げ餃子

米粉生地で作った揚げ餃子は表面カリカリ！
成形するときは合わせ目を指でつまんでひねりながら留めるのがポイントです。具は梅肉としょうがを効かせて和風テイストに。

材料（6個分）
米粉生地（p.6参照）　全量
鶏ひき肉　100g
カット干ししいたけ（もどしたもの）　15g
れんこん　30g
カリカリ梅　大2個
A おろししょうが　小さじ½
　白炒りごま　小さじ1
　片栗粉　小さじ1
　塩　少量
揚げ油（米油）　適量
青じそ　適量

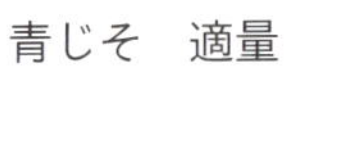

① カット干ししいたけはみじん切りにする。れんこんは洗って皮ごとみじん切りにする。カリカリ梅は種を除いてみじん切りにする。
② ボウルにひき肉、**A**、①を入れて練り混ぜ、6等分にする。
③ 米粉生地は直径5cm程度の棒状に転がして6等分に切り分け、それぞれ丸める。打ち粉（米粉。分量外）をし、めん棒で直径12cm程度に丸くのばす。
④ ③の皮に②の具をのせて半分に折って包み、合わせ目を指でつまんでひねりながら留める。打ち粉をふったバットなどに間隔をあけて並べる。

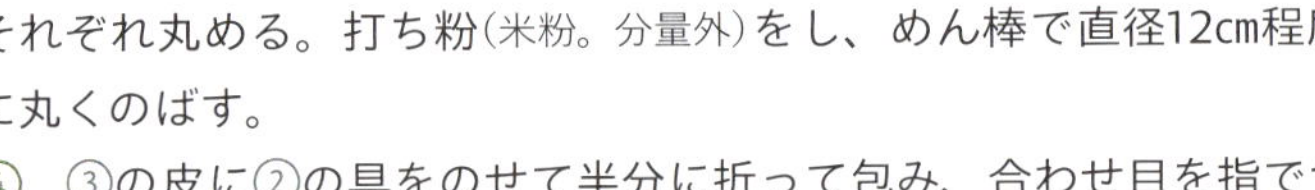

⑤ 揚げ油を160℃に熱し、④を入れ、色づいてくるまで3～4分かけてゆっくりと揚げ、最後に温度を上げてカリッとさせ、油をきる。
⑥ 青じそとともに器に盛る。

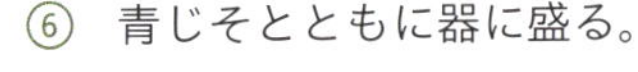

合わせ目を指でつまんで留める。揚げるとボリュームが出てカリカリ感が増す。

揚げ油に入れたらはじめはさわらず、ゆっくりと揚げていく。

表面がかたくなってきたら、上下を返しながら薄いきつね色に揚げる。

蒸し餃子

米粉生地で作った蒸し餃子はモチモチで、あっさりとした食べ心地。ここでは中国でお祝い事によく作られる「四喜餃子」を紹介。四つの花びらに四色の食材をトッピングするのが特徴です。

材料（6個分）
米粉生地（p.6参照）　全量
むきえび　100g
豚ひき肉　50g
長ねぎ　30g
A薄口しょうゆ　小さじ½
　おろししょうが　小さじ½
　ごま油　小さじ1
　片栗粉　小さじ1
　塩、こしょう　各少量
Bむきえび　1尾
　しいたけ　1枚
　グリンピース（水煮）　大さじ1
　コーン（水煮）　大さじ1
香菜　少量
酢じょうゆ、ラー油　各適量

① えびは細かくたたき、長ねぎはみじん切りにする。ボウルに入れ、ひき肉、Aを加えて練り混ぜ、6等分にする。
② Bのえびは粗くたたき、しいたけは石づきを取って5㎜角に切る。グリンピースとコーンは汁けをきる。
③ 米粉生地は直径5㎝程度の棒状に転がして6等分に切り分け、それぞれ丸める。打ち粉（米粉。分量外）をし、めん棒で直径12㎝程度に丸くのばす。
④ ③の皮に①の具を6等分にしてのせ、上下の皮を指でつまんで合わせ、左右の皮も指でつまんで合わせ、皮が合わさった部分を指でキュッと留めて花びらのようにする。
⑤ せいろに穴をあけたオーブンシートを敷き、④をのせ、四隅の空間に②のえび、しいたけ、グリーンピース、コーンをそれぞれ入れる。
⑥ 蒸気の立った状態で10〜12分蒸し、香菜をのせる。好みで酢じょうゆ、ラー油を添える。

皮に具をのせたら、上下の皮を合わせ、左右の皮も合わせて具を包むようにする。

皮が合わさった中心部分を指でキュッと留めてしっかりくっつけ、形を整える。

この状態で蒸す。皮に透明感が出て具に火が通るまで10〜12分。

タコスを作ろう

米粉生地で丸いトルティーヤを焼き、タコスやケサディーヤにしたり、四角く焼いてブリトーやエンチラーダにしてアレンジを楽しみます。

タコス

米粉生地でトルティーヤを焼き、チリビーンズやトマトをはさんでタコスを作ります。トルティーヤは薄焼きパンのことで、ここではしっとりとやわらかいタイプをフライパンで焼き上げます。

材料（4個分）
米粉生地（p.6参照）　全量
チリビーンズ
　合いびき肉　100g
　玉ねぎのみじん切り　100g
　にんにくのみじん切り　1かけ分
　米油　小さじ2
　ミックスビーンズ（缶詰）　100g
　A トマトペースト　大さじ1
　　白ワイン　大さじ1
　　水　大さじ1
　　塩　小さじ1/3
　B クミンパウダー　小さじ1/3
　　チリパウダー　小さじ1/3
　　こしょう　少量
ミディトマト　2個
レタス　2枚
シュレッドチーズ　20g
ライム　適量

① チリビーンズを作る。フライパンに米油を熱して玉ねぎとにんにくを炒め、しんなりしたら、ひき肉を加えてさらに炒める。ミックスビーンズと**A**を加えて混ぜながら煮詰め、仕上げに**B**を加えてひと混ぜする。
② ミディトマトはヘタを取って輪切りにし、レタスはちぎる。
③ 米粉生地は4等分に切ってそれぞれ丸め、打ち粉（米粉。分量外）をし、めん棒で直径15cm程度に丸くのばす。
④ めん棒にラップを巻きつけ、キッチンペーパーをぬらしてかたく絞っておく。
⑤ フライパンを中火で熱して③を1枚入れ、焼き色がついてきたら裏返して30秒ほどふたをし、ふたを取ってヘラなどで軽く押さえる。プッと膨らむまで焼く。
⑥ アツアツのうちにめん棒に巻きつけるようにして沿わせ、乾きすぎないように上からキッチンペーパーをのせて冷まし、U字形にする。同様にしてあと3枚作る。
⑦ ⑥に①と②、チーズをはさむ。器に盛り、ライムを添える。

プッと膨らんだら焼き上がり。すぐに取り出してめん棒に巻きつける。

くっつかないよう、めん棒にラップを巻く。ニスなどで防水加工してあるものは不要。

冷めるとU字形に形がつく。この凹みに具をはさんでタコスの完成。

ケサディーヤ

タコスは焼いたトルティーヤに具をはさみますが、
ケサディーヤは焼くときに具をはさんで焼き上げる料理。
メキシコ版ホットサンドといったところ。チーズを入れるのが定番です。

材料（２個分）
米粉生地(p.6参照)　全量
トマト　1個
アボカド　½個
玉ねぎのみじん切り　大さじ1
バジル　4～8枚
ピザ用チーズ　40g
オリーブ油　適量
A トマトケチャップ　大さじ2
レモンの搾り汁　小さじ1
チリパウダー　小さじ¼

① トマトは皮を湯むきして1cm角に切る。アボカドは種と皮を取り除いて薄切りにする。
② 米粉生地は2等分に切ってそれぞれ丸め、打ち粉(米粉。分量外)をし、直径18cm程度に丸くのばす。
③ フライパンを中火で熱して②を1枚入れ、底面がうっすら焼けてプツプツしたら裏返す。いったん火を止めて、生地の片側にアボカド、トマト、玉ねぎ、チーズ、バジルの各半量を順にのせ、半分に折る。
④ 再び中火にかけ、ときどき裏返し、ヘラで押さえて形をなじませる。
⑤ オリーブ油を回しかけ、ヘラで押さえながら両面をカリッと焼く。同様にしてもう1枚焼く。
⑥ 食べやすい大きさに切って器に盛り、**A** を混ぜて添える。

生地がうっすら焼けたら裏返し、具をのせ、半分に折りたたむ。

ヘラで押さえながら両面焼き、形をなじませる。

最後にオリーブ油をかけて焼き、カリッと香ばしく仕上げる。

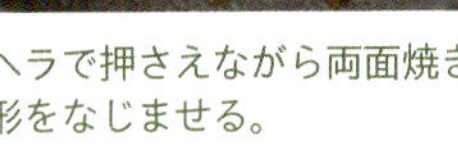

ブリトー

ブリトーはトルティーヤに具をのせて巻いたもの。
ここでは米粉生地を四角くのばして焼き、野菜、ハム、チーズを巻きます。米粉生地のもっちり感と生野菜のシャキシャ感が絶妙です。

材料（２個分）

米粉生地（p.6参照）　全量
にんじんサラダ
　にんじん　1本
　A プレーンヨーグルト　大さじ1
　　マヨネーズ　大さじ1
　　はちみつ　少量
　　こしょう　少量
キャベツ　50ｇ
グリーンカール　2枚
ハム　4枚
スライスチーズ　4枚

①　にんじんサラダを作る。にんじんは細切りにしてボウルに入れ、塩小さじ¼（分量外）をふって手でもみ、しんなりしたらAを加えてあえる。
②　キャベツはせん切りにし、塩少量（分量外）をふって手でもみ、水けを絞る。
③　米粉生地は２等分に切ってそれぞれ丸め、打ち粉（米粉。分量外）をし、18㎝角にのばす。
④　フライパンを中火で熱して③を1枚入れ、底面に焼き色がついたら裏返し、軽くヘラで押さえ、中心がプッと膨らむまで焼く。焼けたら取り出し、ぬらして絞ったキッチンペーパーをのせて粗熱を取る。同様にしてもう１枚も焼き、粗熱を取る。
⑤　ワックスペーパーやラップの上に④をおき、手前にグリーンカール、ハム、チーズ、にんじんサラダ、キャベツの順に半量ずつのせ、手前からクルッと巻く。ワックスペーパーの左右をねじってキャンディ包みにし、5分ほどおいて形をなじませる。
⑥　食べる直前に斜め半分に切り分ける。

米粉生地は四角くのばす。四角く焼くと具が包みやすい。

両面軽く焼き色がつくまで焼く。フライパンは20㎝以上のものを使うとよい。

焼けたら、ぬらして絞ったキッチンペーパーをのせて粗熱を取る。乾燥も防げる。

手前に具をのせ、トルティーヤを持ち上げて手前からしっかり巻いていく。

エンチラーダ

エンチラーダは、具を巻いたトルティーヤにトマトソースとチーズをかけ、オーブンで焼いた料理。米粉生地のトルティーヤにソースとチーズが絡まって美味。具は牛肉ソテー。これ一皿で体も心も大満足です。

材料(26×16×高さ３cmの耐熱容器１台分)

米粉生地(p.6参照)　全量

牛肉ソテー
- 牛もも薄切り肉　150g
- 玉ねぎ　30g
- オリーブ油　適量
- 塩、こしょう　各適量

トマトチリソース
- 玉ねぎのみじん切り　50g
- にんにくのみじん切り　½かけ分
- オリーブ油　小さじ2
- カットトマト缶　1缶(400g)
- 白ワイン　大さじ1
- 塩　小さじ⅓
- クミンパウダー、チリパウダー　各小さじ1
- こしょう　少量

ピザ用チーズ　100g

パセリのみじん切り　大さじ1

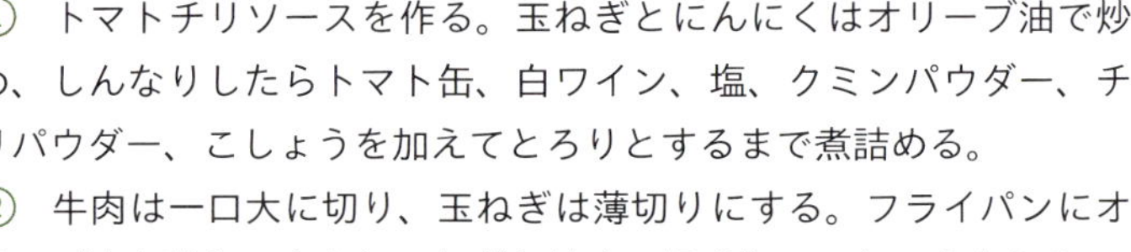

① トマトチリソースを作る。玉ねぎとにんにくはオリーブ油で炒め、しんなりしたらトマト缶、白ワイン、塩、クミンパウダー、チリパウダー、こしょうを加えてとろりとするまで煮詰める。

② 牛肉は一口大に切り、玉ねぎは薄切りにする。フライパンにオリーブ油を熱して牛肉と玉ねぎを炒め、軽く塩、こしょうをふる。

③ 米粉生地は４等分に切ってそれぞれ丸め、打ち粉(米粉。分量外)をし、12cm角にのばす。

④ フライパンを中火で熱して③を1枚入れ、両面が乾く程度にさっと焼く。同様にして残りも焼く。

⑤ ④の１枚に②の¼量をのせ、トマトチリソース大さじ1、チーズひとつかみをのせてクルッと巻く。残りも同様にし、巻き終わりを下にして耐熱皿に並べていく。

⑥ 残りのトマトチリソースを全体にかけ、チーズをのせる。天板にのせ、180℃に予熱したオーブンで、チーズがこんがり焼けるまで30分ほど焼く。仕上げにパセリを散らす。

トルティーヤは両面が乾く程度に焼く。このあとオーブンに入れるので軽くでよい。

トルティーヤに具をのせてロール状に包む。これを4本作る。

トマトチリソースとチーズをたっぷりとかけ、オーブンで焼き上げる。

調理法別に楽しむ

焼く

米粉生地を最も手軽に楽しめるのが、カリッと香ばしいフライパン焼き。小腹が空いたときのおやつや、ホットサンドメーカーを使ったレシピも紹介。

米粉の薄焼きパン＆フムス

米粉生地を薄くのばしてフライパンで焼いた薄焼きパンに
手作りのフムスをたっぷりのせると、この上ないおいしさ。
朝食やおやつには、ジャムやバターをぬって食べても。

材料（4枚分）
米粉生地(p.6参照)　全量
フムス(作りやすい分量)
　ひよこ豆(水煮)　1パック(200～250g)
　ひよこ豆水煮の汁　大さじ2
　白練りごま　40g
　レモンの搾り汁　大さじ1
　おろしにんにく　小さじ1/3
　塩　小さじ1/3
　オリーブ油　大さじ2
クミンシード、チリパウダー　各少量
オリーブ油　大さじ1/2
ラディッシュ(あれば)　適量

① フムスを作る。フムスの材料をすべてフードプロセッサーに入れて撹拌し、なめらかにする。器に盛る。
② 小さいフライパンやレードルにクミンシード、オリーブ油を入れてゆっくりと熱し、クミンシードがプチッと一粒はじけたら①の上から回しかけ、チリパウダーをふる。
③ 米粉生地は4等分に切ってそれぞれ丸め、打ち粉(米粉。分量外)をし、めん棒で直径15cm程度にのばす。
④ フライパンを中火で熱し、③を1枚入れ、焼き色がついたら裏返し、軽くヘラで押さえ、中心がプッと膨らむまで焼く。生地にかからないように水小さじ1を入れ、ふたをして20秒ほど蒸し焼きにする。
⑤ 取り出し、ぬらして絞ったキッチンペーパーをのせて粗熱を取る。同様にして残りも焼く。
⑥ 器に盛り、フムスと半分に切ったラディッシュを添える。薄焼きパンにフムスをのせて食べる。

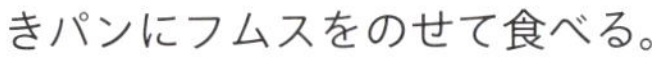

米粉生地は4等分にし、めん棒で丸くのばす。べとつかないよう、随時打ち粉をふる。

ヘラなどで押さえながら焼き色をつけ、プッと膨らむまで焼く。

ガレット

ガレットはそば粉を使った生地で作ることが多いですが、
ここでは米粉生地を使って焼き上げます。トッピングはポピュラーに
ハムと卵、チーズ。グリーンの野菜を添えてバランスよく仕上げます。

材料（２枚分）

米粉生地（p.6参照）　全量
ハム　4枚
ピザ用チーズ　50g
卵　2個
アスパラガス　2本
ルッコラ　適量
A トマトケチャップ　大さじ1
　粒マスタード　大さじ1
　白ワイン　小さじ1

① ハムは半分に切る。アスパラガスは根元に近いかたい部分は切り落とし、縦半割りにする。
② 米粉生地は２等分に切ってそれぞれ丸め、打ち粉（米粉。分量外）をし、めん棒で直径28cm程度に薄くのばす。
③ フライパンを中火で熱し、②を1枚入れ、さっと焼いて裏返す。
④ いったん火を止め、真ん中を空けてハムを上下左右にのせ、その上にチーズを広げてのせ、真ん中に卵を割り落とす。
⑤ 再び中火にかけ、焼き色がつきはじめたら、周囲の生地を内側に折りたたみ、四角形に整える。
⑥ 生地にかからないように水小さじ1を入れ、空いているところにアスパラガスをおき、ふたをして卵が好みのかたさになるまで蒸し焼きにする。同様にしてもう1枚焼く。
⑦ 器に盛り、ルッコラを添え、**A** を混ぜたソースをかける。

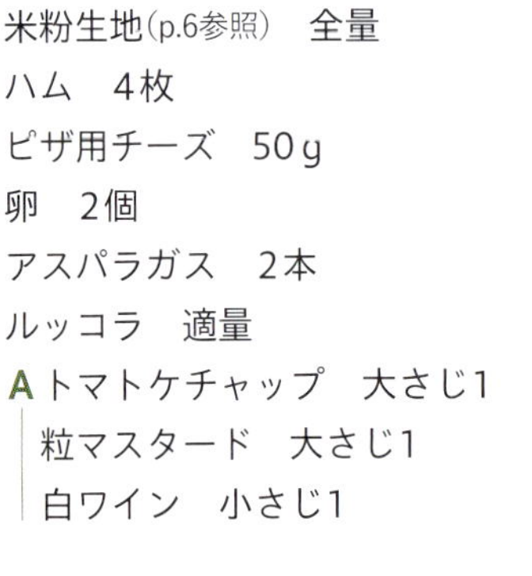

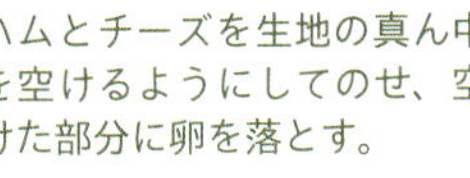
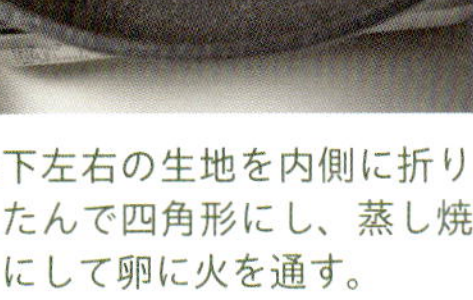

薄くのばした米粉生地をフライパンで軽く焼き、手を添えて破かないように裏返す。

ハムとチーズを生地の真ん中を空けるようにしてのせ、空けた部分に卵を落とす。

上下左右の生地を内側に折りたたんで四角形にし、蒸し焼きにして卵に火を通す。

にら饅頭

にらをたっぷり入れた肉ダネを、米粉生地で包んで香ばしく焼き上げます。
餃子より重量感のある食感と味が魅力。肉ダネに味がついているので
何もつけなくてもおいしいですが、こしょう酢で食べるのもおすすめ。

材料(8個分)

米粉生地(p.6参照)　全量
豚ひき肉　120g
にらのみじん切り　60g
長ねぎのみじん切り　30g
A しょうゆ　小さじ½
　ごま油　小さじ½
　おろししょうが　小さじ½
　片栗粉　小さじ1
　塩、こしょう　各少量
ごま油　適量
こしょう酢
　粗びき黒こしょう、酢　各適量

① ボウルにひき肉、にら、長ねぎを入れて混ぜ、**A**を加えてよく練り混ぜる。
② 米粉生地は直径4㎝程度の棒状に転がして8等分に切り分け、それぞれ丸める。打ち粉(米粉。分量外)をし、めん棒で直径12㎝程度にのばす。
③ 生地の上に①の具を大さじ1程度丸めてのせ、ひだを寄せながらまわりの生地を真ん中に集めて包む。
④ フライパンにごま油大さじ½を入れて弱めの中火で熱し、③をとじ目を下にして入れ、3～4分じっくりと焼く。焼き色がついたら裏返し、焼き色がつくまで焼く。
⑤ 生地にかからないように水大さじ1を入れ、ふたをして中火で1分蒸し焼きにする。仕上げにごま油小さじ1を回しかけて余分な水分をとばす。
⑥ 器に盛り、こしょう酢を添える。

丸くのばした生地に肉ダネをおき、ひだを寄せながら包む。

こんな感じでOK。上の部分は生地がなくてよい。

逆さにしてごま油で焼きはじめ、ひだの部分を焼いて形を安定させる。

水を加え、ふたをして蒸し焼きにし、中まで火を通すのがポイント。

ねぎパイ

塩味で引き出された長ねぎの甘みと桜えびの香り、
ごま油と米粉生地の香ばしさ。材料はいたってシンプルなのに
おいしさは最上級。成形の仕方にコツがあります。

材料（4個分）
米粉生地（p.6参照）　全量
細ねぎ　25g
桜えび　5g
塩、こしょう　各適量
ごま油　適量

① 細ねぎは小口切りにし、桜えびは細かく刻む。
② 米粉生地は4等分に切ってそれぞれ丸め、打ち粉（米粉。分量外）をし、めん棒で10×20cm程度に細長くのばす。
③ まん中に①を散らしてのせ、軽く塩とこしょうをふり、ごま油少量をたらす。手前から巻き込んでひも状にする。
④ ③を端から渦巻き状にクルクルと巻き、上からめん棒で直径12cm程度に平らにのばす。
⑤ フライパンにごま油大さじ½を熱し、④をのせ、弱めの中火でゆっくりと焼く。焼き色がついたら裏返し、両面焼く。
⑥ 生地にかからないように水大さじ1を入れ、ふたをして中火で1分蒸し焼きにする。

細ねぎ、桜えび、塩、こしょうをのせる。このシンプルな組み合わせが特徴。

細ねぎ、桜えびを巻き込むようにして巻き、ひも状にする。

クルクルと渦巻き状に巻いて丸く形作る。巻き終わりは指でくっつける。

裏返すときはヘラなどを使い、形がくずれないように注意する。

肉餅（ローピン）

生地に肉ダネをのせ、生地を折りたたんで重ねて層を作るので、どこを食べても肉ダネと米粉生地が交互になって、満足度100パーセント。肉ダネはオイスターソースやごま油などを入れてしっかりめの味にします。

材料(20cm角1枚分)

米粉生地(p.6参照)　全量
豚ひき肉　150g
長ねぎのみじん切り　30g
A おろししょうが　小さじ½
　おろしにんにく　小さじ¼
　しょうゆ　小さじ½
　オイスターソース　小さじ½
　ごま油　小さじ½
　塩、こしょう、五香粉　各少量
　片栗粉　小さじ1
ごま油　大さじ½
ラー油酢
　ラー油、酢　各適量

① ボウルにひき肉、長ねぎ、**A**を入れてよく練り混ぜる。
② 米粉生地は打ち粉(米粉。分量外)をして手でざっと広げ、めん棒で24cm程度の四角にのばす。
③ 生地の縁2cmと左下¼のスペースを残して①の肉ダネを広げてのせる。
④ 肉ダネをのせていない生地の上側に包丁で切り目を横に1本入れて持ち上げ、90度に折って右の肉ダネに重ねる。さらに90度ずつ折って重ね、3層にする。厚めの四角になる。
⑤ 縁を軽く押さえてなじませ、めん棒で押しながら21cm角程度にのばす。
⑥ フライパンにごま油を熱して⑤を入れ、弱めの中火で3～4分じっくりと焼く。焼き色がついたら裏返し、同様に焼く。
⑦ 生地にかからないように水大さじ1½を入れ、ふたをして中火で1分蒸し焼きにする。ふたを取って水分をとばす。切り分けて器に盛り、ラー油酢を添える。

成形の方法がポイント。まずは包丁で横に1本、具のない部分に切り目を入れる。

生地を持ち上げて横の肉ダネにかぶせるようにして重ねる。

さらに上の肉ダネに重ね、最後に左の肉ダネに重ねる。

めん棒でのばして形を整える。肉ダネと生地のおいしさが一つになる。

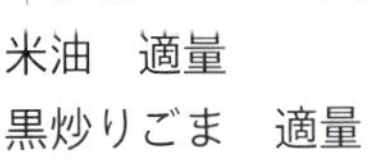

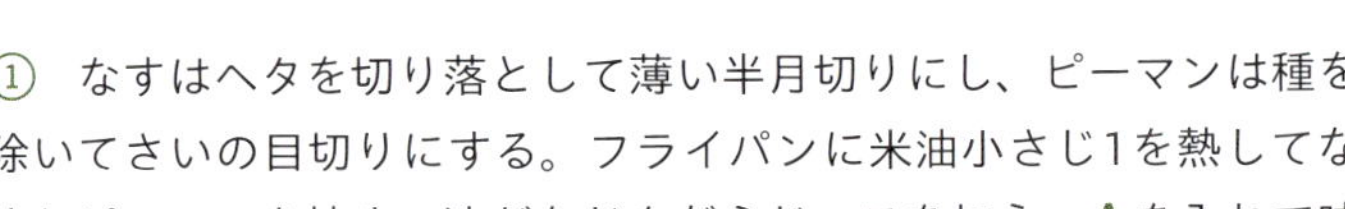

野菜のおやき

表面はカリッとしていながらも、中はモチモチ。
米粉ならではの素朴な手作り感があり、
小麦粉で作るおやきよりあっさりとしていて、また違ったおいしさです。

材料（6個分）
米粉生地（p.6参照）　全量
なす　大1本
ピーマン　1個
じゃこ　20g
A みそ　大さじ1
　砂糖　大さじ½
米油　適量
黒炒りごま　適量

① なすはヘタを切り落として薄い半月切りにし、ピーマンは種を除いてさいの目切りにする。フライパンに米油小さじ1を熱してなすとピーマンを炒め、油がなじんだらじゃこを加え、**A**を入れて味を絡め、もったりするまで煮詰める。

② 米粉生地は6等分に切ってそれぞれ丸め、打ち粉（米粉。分量外）をし、めん棒で直径12cm程度にのばす。

③ 生地の上に①の具を大さじ1程度丸めてのせ、ひだを寄せながらまわりの生地を真ん中に集めて包む。とじ目を下にして軽く台にこすりつけてとじながら形を整える。手のひらで少し押さえ、上にごまをのせる。

④ フライパンに米油大さじ½を入れて弱めの中火で熱し、③をとじ目を下にして入れ、3～4分じっくりと焼く。焼き色がついたら裏返し、両面焼き色をつける。

⑤ 生地にかからないように水大さじ1½を入れ、ふたをして中火で1分蒸し焼きにし、ふたを取って余分な水分をとばす。

米粉生地をのばし、具を包む。1個ずつ行った方が生地がかたくならず包みやすい。

ひだを寄せながら包み、指でつまんで生地同士をくっつけてとじる。

とじ目を下にして両手で丸く形を整える。これできれいな形に焼き上がる。

とじ目を下にして焼く。油はクセがなく油っこさが残らない米油を使う。

あん焼き饅頭

米粉生地であんこを包んで焼いた、お茶請けにぴったりのおやつ。
あんこは、粒あんに練りごまとはちみつ、くるみを混ぜた特製。
焼きたてアツアツを食べてもよし、冷めてからもおいしい。

材料（6個分）
米粉生地（p.6参照）　全量
ごまあん
　粒あん（市販）*　100g
　黒練りごま　30g
　はちみつ　10g
　くるみ（刻んだもの）　20g
米油　大さじ½
*粒あんがゆるい場合は、耐熱容器に入れ、ラップなしで電子レンジで1分ほど加熱し、余分な水分をとばす。

① ごまあんを作る。ボウルに粒あん、練りごま、はちみつを入れてなめらかになるまで混ぜ、くるみを加えて混ぜる。
② 米粉生地は6等分に切ってそれぞれ丸め、打ち粉（米粉。分量外）をし、めん棒で直径12cm程度にのばす。
③ 生地の上に①を大さじ1程度丸めてのせ、ひだを寄せながらまわりの生地を真ん中に集めて包む。とじ目を下にして軽く台にこすりつけてとじながら形を整える。手のひらを使って立方体にする。
④ フライパンに米油を入れて弱めの中火で熱し、③をとじ目を下にして入れ、じっくりと焼く。焼き色がついたら裏返して焼き、側面も同様にして焼き、6面すべてに焼き色をつける。
⑤ とじ目を下にし、生地にかからないように水大さじ1½を入れ、ふたをして中火で1分蒸し焼きにし、ふたを取って余分な水分をとばす。

ごまあんを米粉生地の上にのせ、ひだを寄せながら包み、指でつまんでとじ目をくっつける。

とじ目を下にして両手で四角く形を整える。立方体にすると愛らしい。

とじ目を下にして焼きはじめ、途中裏返して両面焼き色をつける。

側面を下にして焼き色をつけ、6面すべてにおいしそうな焼き色をつける。

ホットサンド

四角くのばした米粉生地に具をはさんで、ホットサンドメーカーで焼くだけ。
バターをぬって焼くと、米粉生地にコクと風味が移っておいしくなります。
食パンで作るときと同じような感覚で、好きな組み合わせで楽しめます。

材料（２組分）
米粉生地(p.6参照)　全量
キャベツ　150g
ベーコン　2枚
卵　2個
スライスチーズ　2枚
バター、粒マスタード　各適量

① キャベツはせん切りにし、ベーコンは半分に切る。
② 米粉生地は４等分に切ってそれぞれ丸め、打ち粉(米粉。分量外)をし、めん棒でホットサンドメーカーのサイズに合わせてのばす。
③ ホットサンドメーカーを温めて両面にバターをなじませ、火からおろす。②の生地1枚を敷き込み、キャベツをのせてベーコンを両端におき、真ん中に卵を割り入れる。
④ さらに上にチーズ、キャベツの順にのせ、②の生地1枚をのせてふたをとじる。
⑤ 中火にかけ、ときどきホットサンドメーカーを返しながら、こんがりと焼き色がつくまで焼く。同様にもう１組作る。
⑥ 食べやすい大きさに切って器に盛り、粒マスタードを添える。

生地はホットサンドメーカーのサイズに合わせてのばし、２枚1組にする。

温めたホットサンドメーカーにバターをなじませてから、生地を敷く。

具を重ねてのせる。ベーコンやチーズを入れるとうまみが加わっておいしい。

上からも生地をのせる。2枚の生地で具をはさんで焼くとホットサンドの完成。

揚げる

米粉生地を揚げると表面はカリカリッとして、冷めてもおいしいまま。吸油率が低いので、思いのほかあっさりとした食べ心地です。

スティック揚げ

米粉生地を薄くのばして、野菜などをクルッと巻いて揚げるだけ。
ここではアスパラガスと長いもを使います。
バジルや青じそを一緒に巻くと香りよく、おつまみにもってこい。

材料(各4本分)
米粉生地(p.6参照)　全量
[アスパラ巻き]
アスパラガス　2本
生ハム　小4枚
バジル　4枚
[長いも巻き]
長いも(7cm長さ×1cm角の棒状)　8本
青じそ　4枚
焼きのり(4等分に切ったもの)　4枚

揚げ油(米油)　適量
レモン　適量
A マヨネーズ　大さじ2
薄口しょうゆ　大さじ2
白すりごま　大さじ1

① アスパラガスは根元に近いかたい部分の皮をむき、半分の長さに切る。生ハムの上にバジル、アスパラの順にのせ、生ハムで巻く。
② 米粉生地は直径5cm程度の棒状に転がして8等分に切り分け、それぞれ丸める。打ち粉(米粉。分量外)をし、めん棒で14〜16cm角にのばす。
③ **[アスパラ巻き]**を作る。②の皮1枚を角が手前にくるようにおき、①を1本のせ、春巻きの要領で包み、包み終わりは水で留める。同様にしてあと3本作る。
④ **[長いも巻き]**を作る。②の生地1枚を角が手前にくるようにおき、焼きのりをのせ、青じそ、長いも2本をおく。春巻きの要領で包み、包み終わりは水で留める。同様にしてあと3本作る。
⑤ 揚げ油を160℃に熱し、③と④を巻き終わりを下にして入れる。1分ほどおいてから裏返し、転がしながら3分ほどかけてきつね色に揚げる。最後に温度を上げてカリッとさせ、油をきる。
⑥ 斜め半分に切って器に盛り、レモンを添える。**A**を混ぜ合わせたたれを添える。

アスパラ巻きの具を米粉生地にのせ、春巻きの要領で巻く。生地は四角くのばしても丸くのばしてもよい。

巻き終わりは指でも留まるが、揚げているときにはがれないように、水を少しつけてしっかりと押さえる。

長いもは焼きのり、青じそと一緒に包む。しっかりと巻いてきっちりと包むようにする。

揚げワンタン

一口頬張ると、具があるところはジューシー、
皮だけのところはカリッカリ。これが揚げワンタンの醍醐味。
ほたての代わりにむきえび、鶏ひき肉の代わりに豚ひき肉を使ってもOK。

材料(12～14個分)
米粉生地(p.6参照)　全量
ほたて貝柱　70g
鶏ひき肉　50g
長ねぎ　20g
A おろししょうが　小さじ⅓
　塩、こしょう　各少量
　片栗粉　小さじ¼
揚げ油(米油)　適量
B トマトケチャップ　大さじ2
　酢　大さじ2
　水　大さじ2
　砂糖　大さじ1
　塩　少量

① ほたては粗くたたき、長ねぎはみじん切りにする。ボウルに入れ、ひき肉、**A**を加えて練り混ぜる。
② 米粉生地は打ち粉(米粉。分量外)をしてめん棒で28×21cm程度にのばし、7cm角に切り分ける。切り落とした端は合わせてなめらかに練り、同様にのばして7cm角にする。
③ ②の生地1枚に①の具を小さじ2弱のせ、対角で半分に折って三角にし、左右の生地を真ん中に寄せるようにして手でギュッとくっつける。
④ 揚げ油を160℃に熱し、③を入れ、箸で返しながらきつね色になるまで3分ほど揚げる。最後に温度を上げてカリッとさせ、油をきる。
⑤ 器に盛り、**B**を混ぜ合わせたたれを添える。

米粉生地は薄くのばして7cm角に切り分ける。これが揚げワンタンの皮になる。

具をのせて三角に折り、左右の生地を真ん中に寄せるようにして留めると、ボリュームが出る。

160℃の油に入れて揚げる。初めは泡が大きいが、次第に小さくなっていく。

ベトナム風ミニ春巻き

12cm角の生地で作る一口サイズのミニ春巻きを、
葉っぱに包んで、ベトナムのたれ、ヌクチャムをつけて食べます。
具は豚ひき肉、えび、春雨、きくらげ、細ねぎと、うまみたっぷり。

材料（8個分）

米粉生地（p.6参照）　全量
豚ひき肉　50g
むきえび　80g
春雨（もどしたもの）　10g
木くらげ（もどしたもの）　6g
細ねぎ　20g
A 米粉　小さじ1
　ヌクマム　小さじ1/3
　おろししょうが　小さじ1/3
　塩、こしょう　各少量
揚げ油（米油）　適量
グリーンカールなどの葉野菜　適量
ミント、香菜　各適量
ピーナッツ　大さじ1
大根の細切り　30g
甘口ヌクチャム*　適量

*ヌクマム、レモンの搾り汁または酢、砂糖、水各大さじ2、にんにくのみじん切り小さじ1、赤唐辛子の輪切り少量を混ぜる。市販品や市販の生春巻きのたれでも。

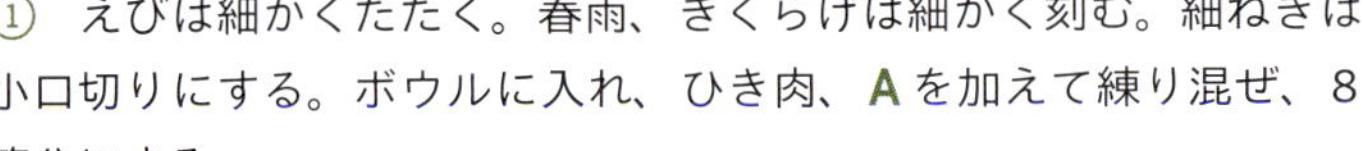

① えびは細かくたたく。春雨、きくらげは細かく刻む。細ねぎは小口切りにする。ボウルに入れ、ひき肉、**A**を加えて練り混ぜ、8等分にする。
② 葉野菜、香菜、ミントは洗ってシャキッとさせ、水けをきる。
③ 大根は細切りにして塩少量（分量外）でもみ、水けを絞ってヌクチャムと混ぜる。
④ 米粉生地は直径5cm程度の棒状に転がして8等分に切り分け、それぞれ丸める。打ち粉（米粉。分量外）をし、めん棒で12cm角にのばす。
⑤ ④の皮を角が手前にくるようにおき、①の具をのせ、春巻きの要領で巻いて包む。巻き終わりは水で留める。
⑥ 揚げ油を160℃に熱し、巻き終わりを下にして入れる。1分ほどおいてから裏返し、転がしながら3～4分かけてきつね色に揚げる。最後に温度を上げてカリッとさせ、油をきる。
⑦ 器にミニ春巻きと②、③のたれを盛り合わせ、ミニ春巻きにピーナッツを砕いて散らす。葉野菜でミント、香菜、ミニ春巻きを包み、ヌクチャムをつけて食べる。

米粉生地は8等分にしてそれぞれ丸める。1個ずつめん棒でのばし、春巻きの皮にする。

手前に具をのせ、しっかりと包む。サイズは小さいが、包み方は普通の春巻きと同じ。

最初はさわらず、生地がかたくなって色づいてきたら、箸で転がしながら揚げる。

サモサ

インドの軽食としてポピュラーなサモサは、立体的な三角形が特徴。小麦粉の生地よりちょっとかためな米粉生地を使うと、へたらず、きれいな形に仕上がります。食べ応えも十分！

材料（4個分）
米粉生地（p.6参照）　全量
じゃがいも　1個（80ｇ）
玉ねぎ　20ｇ
にんにく　¼かけ
米油　少量
カシューナッツ　10ｇ
グリンピース（水煮）　大さじ1
A 塩　小さじ⅓
ガラムマサラまたはカレー粉　小さじ⅓
クミンシード　少量
揚げ油（米油）　適量

① じゃがいもは洗ってラップで包み、電子レンジで約2分加熱してやわらかくし、皮をむく。
② 玉ねぎ、にんにくはみじん切りにして耐熱皿に入れ、米油を絡めてラップなしで、電子レンジで30秒加熱する。カシューナッツはみじん切りにする。
③ ボウルに①を入れてつぶし、②、**A**、グリンピースを加えて混ぜ合わせ、4等分にする。
④ 米粉生地は4等分に切り、それぞれ丸める。打ち粉（米粉。分量外）をし、めん棒で直径15cmに丸くのばす。
⑤ ④の皮に③の具をのせ、三方から生地を寄せて中央で合わせ、合わせた辺を指で押さえてとじる。
⑥ 揚げ油を160℃に熱して⑤を入れ、はじめはさわらず、1分ほどおいてから裏返し、ときどき返しながら4分ほどかけてゆっくりと揚げる。最後に温度を上げてカリッとさせ、油をきる。

米粉生地を直径12cmに丸くのばす。均等な厚さになるようにする。

具をのせて、両手を使って三方から生地を寄せ、三角形になるようにする。

合わせた辺を指で押さえてとじる。揚げても離れないようにしっかりと。

揚げせんべい

米粉が主材料の米粉生地を揚げれば、それだけでおいしい揚げせんべい。塩やレモンシュガーをまぶしたり、生地にアミえびを混ぜたりと、アイデア次第でいろいろと楽しめます。ここでは甘辛の2タイプを紹介。

材料(作りやすい分量)
米粉生地(p.6参照)　全量
[レモンシュガー味]
粉糖　大さじ2
レモンの皮(国産。黄色い部分のみ)のすりおろし　½個分
[えび味]
干しアミえびまたは桜えび　5g
塩　小さじ½
揚げ油(米油)　適量

① 米粉生地は2等分に切り、それぞれ丸める。
② [レモンシュガー味]を作る。①の生地の一つに打ち粉(米粉。分量外)をしてめん棒で1～2㎜厚さに薄く平たくのばし、一口大になるようにランダムに切る。
③ 揚げ油を160℃に熱し、②を入れ、ときどき返しながら、きつね色になるまで4分ほどかけてじっくり揚げる。
④ ③の油をきり、粉糖を茶漉しでふり、レモンの皮をまぶす。
⑤ [えび味]を作る。アミえびはポリ袋に入れてその上からもみ、細かくすりつぶす。①のもう一つの生地に打ち粉(米粉。分量外)をしてめん棒でざっとのばし、アミえびをのせて生地を折りたたみ、手でこねて練り込む。
⑥ 手で転がしながら直径7㎜程度のひも状にのばし、破裂しないようにフォークで筋をつけ、3～4㎝長さに切り分ける。
⑦ 揚げ油を160℃に熱し、⑥を入れ、きつね色になるまで4分ほどかけてゆっくりと揚げる。最後に温度を上げてカリッとさせ、油をきり、塩をふる。

レモンシュガー味は、生地を薄く平らにのばしてランダムに切る。

揚げたら、粉糖をふって甘みをつける。量は好みで加減を。

えび味は、揚げたときに破裂しないように、フォークで筋をつけてから切り分ける。

えびの香りがしてきて、きつね色になるまで、ゆっくりと揚げる。

おやつ揚げパイ

パリッとしたパイの中は、アツアツのスイートポテトとチョコバナナ。
スイートポテトはレーズンとくるみ入り、チョコバナナはマシュマロ入り。
どらちも揚げたてを食べるのがおすすめ。自然な甘さが魅力です。

材料(各2個分)

米粉生地(p.6参照)　全量

[スイートポテト]

- 焼きいも　80g
- レーズン　10g
- くるみ(刻んだもの)　10g

[チョコバナナ]

- バナナ　½本
- 板チョコ　10g
- マシュマロ　2個

揚げ油(米油)　適量

仕上げ用粉糖　適量

① スイートポテトの焼きいもは皮ごとつぶし、レーズンとくるみを混ぜる。

② チョコバナナのバナナは半割りにし、チョコは細かく刻み、マシュマロは4等分に切る。

③ 米粉生地は4等分に切り、それぞれ丸める。打ち粉(米粉。分量外)をし、めん棒で直径14cmに丸くのばす。

④ [スイートポテト]を作る。③の生地の1枚に①の半量をのせ、クルクルと巻き、巻き終わったら、両端を指で押さえて留める。同様にもう1個作る。

⑤ [チョコバナナ]を作る。③の生地の1枚にバナナを断面を上にしておき、チョコ、マシュマロの順にのせる。クルクルと巻き、巻き終わり、両端を指で押さえて留める。同様にもう1個作る。

⑥ 揚げ油を160℃に熱し、④と⑤を巻き終わりを下にして入れる。1分ほどおいてから裏返し、ときどき返しながら4分ほど揚げる。最後に温度を上げてカリッとさせ、油をきる。粉糖を茶漉しでふる。

スイートポテトは具を生地の手前に横長にのせ、手前からしっかりと巻いて、形を安定させる。

チョコバナナは、バナナの上にチョコとマシュマロをのせ、手前から巻く。

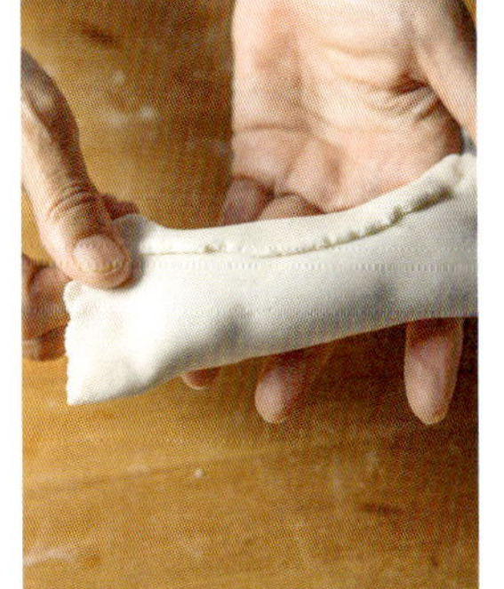

左右もしっかりと留める。中身がわかるように1種類にはフォークの背を押しけて模様をつけても。

蒸しゆで

少ない水を注いでふたをして火を通す、これが蒸しゆで。米粉生地に油を絡めてから行うと、ちょうどいいモチモチ感になります。

ショートパスタのマヨサラダ

米粉生地で作ったショートパスタに、ブロッコリー、ハム、コーンを組み合わせた、主食にもなるおかずサラダ。
味つけは粒マスタードマヨネーズ。アーモンドがアクセントです。

材料（2～3人分）
米粉生地（p.6参照）　全量
ブロッコリー　150g
ハム　2枚
玉ねぎのみじん切り　大さじ2
コーン（水煮）　大さじ3
A マヨネーズ　大さじ3
　粒マスタード　大さじ1
　レモンの搾り汁　小さじ1
　こしょう　少量
米油　大さじ½
ローストアーモンド*　15g

*ローストアーモンドが手に入らないときは、スライスアーモンドをアルミ箔に広げ、オーブントースターの弱（350W）で7～8分焼く。もしくはフランパンで炒る。

① 米粉生地は3等分に切ってそれぞれ丸め、手で転がして1cm太さ、35cm長さのひも状にのばし、2cm幅に切り分ける。
② 打ち粉（米粉。分量外）をし、上からティースプーンなどで押して中心を凹ませる。米粉少量（分量外）を全体にまぶし、ゆでるまでくっつかないようにする。
③ ブロッコリーは小房に分けてゆで、ハムは短冊切りにする。ボウルに入れ、玉ねぎ、コーン、**A**を加えてあえる。
④ フライパンに米油を入れて中火で熱し、②を入れて全体に油を絡める。水大さじ1½を回しかけてふたをし、1分蒸しゆでにする。
⑤ ザルに上げ、流水で手早く冷まし、水けをきって③に加えて混ぜる。
⑥ 器に盛り、ローストアーモンドを散らす。

ティースプーンなどで押して凹みをつける。これで火の通りが早くなる。

油を絡めたら、水を入れてふたをし、蒸しゆでにして火を通す。

ザルに上げて流水で冷やし、生地を締める。これでほどよいモチモチ感になる。

たらこパスタ

マカロニくらいの大きさに整えた米粉生地に
らせん状に模様をつけると、たらこソースがよくからんで美味。
米が原料の米粉生地とたらこ、相性がいいに決まっています。

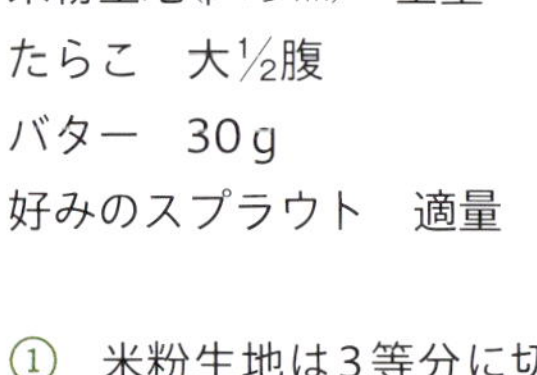
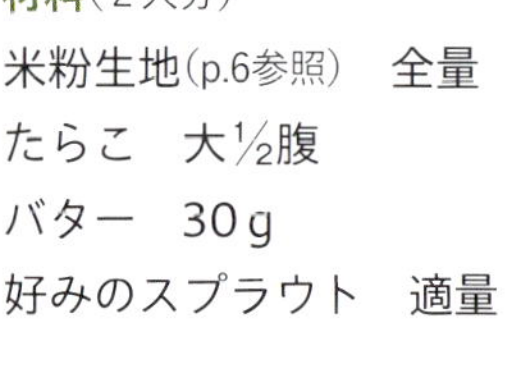

材料（2人分）
米粉生地（p.6参照）　全量
たらこ　大½腹
バター　30g
好みのスプラウト　適量

① 米粉生地は3等分に切ってそれぞれ丸め、手で転がして直径7～8㎜のひも状にのばし、3㎝幅に切り分ける。
② 巻きすの裏側（ツヤのない丸みのある面）を上にしておき、①を1個ずつ斜めにおいて手で転がしてらせん状の凹みをつける。くっつかないように全体に打ち粉（米粉。分量外）をまぶす。
③ たらこは皮に切り目を入れて中身をしごき出す。
④ フライパンにバター10gを入れて中火で熱し、バターが溶けたら②を入れ、大きく混ぜて全体にバターを絡める。水大さじ1を回しかけてふたをし、1分蒸しゆでにする。
⑤ 火を止めてふたを取り、残りのバターとたらこを加えてあえる。
⑥ 器に盛り、スプラウトを散らす。

米粉生地は手で転がして直径7～8㎜のひも状にのばし、3㎝幅に切り分ける。

巻きすの上で転がして成形。巻きすがない場合は竹串4～5本を横に並べ、テープなどで留めて使う。

バターを絡めたら、水を加えてふたをし、蒸しゆでにして中まで火を通す。

火を止めてバターとたらこを加え、生地に絡めるようにして混ぜる。バターの風味が食欲をそそる。

ファルファッレのトマトソース

ファルファッレは蝶々のようなリボン形マカロニのこと。
米粉生地を薄くのばして成形し、蒸しゆでにします。
アンチョビーとパンチェッタ入りの濃厚トマトソースとよく合います。

材料（２人分）
米粉生地（p.6参照）　全量
トマトソース
　パンチェッタ*　50g
　にんにく　½かけ
　アンチョビー　1枚
　黒オリーブ　8粒
　オリーブ油　大さじ½
　カットトマト缶　1缶（400g）
A 白ワイン　大さじ1
　塩　小さじ¼
　こしょう　少量
オリーブ油　適量
パルミジャーノチーズのすりおろし、
　粗びき黒こしょう　各適量
オレガノ（あれば）　少量

*パンチェッタは豚バラ肉の塩漬けで、生ベーコンといったところ。なければベーコンや生ハムで代用。

① パンチェッタは5㎜幅に刻み、にんにくはみじん切りにする。アンチョビーはキッチンペーパーで余分な油を取る。オリーブは半分に切る。
② トマトソースを作る。フライパンにオリーブ油、にんにくを入れて中火で熱し、香りが立ったらパンチェッタ、アンチョビーを加えてさらに炒める。トマト缶、**A**を加えてとろりとするまで煮詰め、オリーブを加える。
③ 米粉生地はめん棒で25㎝角にのばし、打ち粉（米粉。分量外）をし、2.5㎝幅の帯状に切る。チーズナイフなどの波形ナイフで4㎝長さに切り、真ん中を指でキュッとつまんで留め、ファルファッレの形にする。米粉少量（分量外）を全体にまぶし、ゆでるまでくっつかないようにする。
④ フライパンにオリーブ油大さじ1を中火で熱し、③を入れて全体に油を絡める。水大さじ1を回しかけてふたをし、50秒ほど蒸しゆでにする。
⑤ ふたを取り、オリーブ油大さじ1を回しかけてほぐし、ザルに上げて水けをきる。
⑥ 器に②のトマトソースを温めて盛り、④のファルファッレをのせる。チーズとこしょうをふり、オレガノを添える。

生地は薄くのばし、2.5㎝幅に切る。真っ直ぐに切りたいので、定規などで印をつけておいても。

4㎝長さに切るときは、波形ナイフがあるとベスト。真ん中をつまんで留めるとリボン形になる。

米粉をまぶしておくと、生地同士がくっつかず、フライパンに入れるときにストレスがない。

ほうれん草のラビオリ

2枚の生地の間に具をはさんだラビオリは、ボリューム満点。
バターを絡めてセージと白ワインをふり、
それから蒸しゆでにするのが、おいしく作るポイントです。

材料（2～3人分）

ラビオリ
- 米粉生地（p.6参照）　全量
- ほうれん草　100g
- リコッタチーズまたはカッテージチーズ　80g
- 塩　適量

バター　20g
セージ　4枚
白ワイン　大さじ1
パルミジャーノチーズのすりおろし　10g
くるみ（刻んだもの）　5g

① ラビオリを作る。ほうれん草は塩少量（分量外）を加えた湯でゆで、さっと水にとって水けを絞る。みじん切りにし、さらにしっかりと水けを絞る。
② リコッタチーズはほぐしてボウルに入れ、ほうれん草、塩を加えて混ぜる。6等分にする。
③ 米粉生地は2等分に切ってそれぞれ丸め、めん棒で12×20cm程度の長方形にのばす。
④ ③の生地1枚に②の具を6か所に分けてのせ、もう1枚の生地をかぶせ、具と具の間を指で押さえて生地をくっつける。打ち粉（米粉。分量外）をし、ピザカッターや波形ナイフで6個に切り分ける。これでラビオリのでき上がり。
⑤ フライパンにバターを入れて弱めの中火で熱し、バターが溶けたら④を入れ、バターを両面に絡める。
⑥ セージを入れて白ワインをふり、ふたをして2分蒸しゆでにする。
⑦ 器に盛り、チーズとくるみを散らす。

生地の上に間隔を空けて具を並べ、もう1枚の生地を重ねてのせる。

具と具の間を指で押さえて上下の生地をくっつける。具の部分はさわらない。

生地をくっつけた部分をピザカッターなどで切る。これで6個のラビオリになる。

バターが溶けたらラビオリを入れ、両面にバターをなじませる。バターの量は好みで加減する。

ニョッキのレモンクリーム

モチモチッとしたニョッキは素朴な味わいで、
生地のおいしさを楽しむための料理。
スモークサーモンとレモンの香りで華やかな一皿になります。

材料（２人分）
米粉生地（p.6参照）　全量
スモークサーモン　４枚
ルッコラ　20g
バター　20g
生クリーム　40g
パルミジャーノチーズのすりおろし　20g
レモンの搾り汁　大さじ½
こしょう　少量
レモンの皮（国産。黄色い部分のみ）の細切り　¼個分

① スモークサーモンは食べやすい大きさに切る。ルッコラはざく切りにする。
② 米粉生地は3等分に切ってそれぞれ丸め、30cm長さのひも状に転がしてのばす。打ち粉（米粉。分量外）をし、3cm幅に切り分け、フォークの背で押さえて筋を入れる。
③ フライパンにバター、生クリーム、半量のチーズを入れて煮溶かし、②のニョッキを加え、弱めの中火で1分ほど煮て、火を止めてふたをし、１分蒸らす。
④ レモンの搾り汁、ルッコラ、こしょうを加えてひと混ぜする。
⑤ サーモンとともに器に盛り、レモンの皮、残りのチーズを散らす。

両手で転がして30cm長さのひも状にのばす。なるべく同じ太さにする。

3cm幅に切り分ける。台にくっつかないよう、随時、打ち粉をしながら行う。

フォークの背で押して筋を入れる。凹みがあるとソースとなじみやすく、食べやすい。

ソースを煮立てたら、ニョッキを入れて味を絡める。火が通り過ぎないように手早く。

バインタム

バインタムはベトナムのあえ麺で、ヌクマムベースの甘酸っぱいたれとココナッツミルクをかけて食べるのが特徴。もともと米麺で作る料理なのでモチモチッとしたやさしい食感。米粉生地でそのおいしさを味わいます。

材料（2人分）
米粉生地（p.6参照）　全量
豚肩バラ肉　150g
玉ねぎ　20g
塩、こしょう　各適量
もやし　100g
サニーレタス　適量
香菜　適量
米油　適量
フライドオニオン（市販）　適量
ヌクチャム*　適量
ココナッツミルク　大さじ4

*ヌクマム、レモンの搾り汁、水各大さじ3、砂糖大さじ1½、にんにくのみじん切り小さじ¼、赤唐辛子の輪切り少量を混ぜる。市販品や市販の生春巻きのたれでも。

① 豚肉は細切りにし、玉ねぎは薄切りにする。フライパンに米油少量を熱して豚肉と玉ねぎを炒め、軽く塩、こしょうをふる。
② もやしは洗ってラップで包み、電子レンジで1分加熱する。サニーレタスは細切りにし、香菜はざく切りにする。
③ 米粉生地は指でひとつまみをちぎり取り、打ち粉（米粉。分量外）をし、手のひらで転がして10～12cm長さ、4～5mmの細さにのばす。すべてのばし終えたら、米粉少量（分量外）をまぶし、ゆでるまでくっつかないようにする。
④ フライパンに米油大さじ1を中火で熱し、③を入れて全体に油を絡める。水大さじ1を回しかけてふたをし、1分蒸しゆでにする。
⑤ ふたを取り、米油大さじ1を回しかけて麺をほぐす。
⑥ 器にサニーレタスを敷き、⑤を盛り、①、もやし、香菜、フライドオニオンをのせる。ヌクチャム、ココナッツミルクを回しかけ、大きく混ぜて食べる。

麺1本は指でひとつまみ程度。1本分ずつちぎって手打ち麺を作っていく。

10～12cm長さ、4～5mm太さになるように指で転がす。なるべく同じくらいの太さにする。

麺がくっつかないように、米粉少量（分量外）をまぶしてバットなどに入れる。

蒸しゆでにしたら米油を加えて絡めてほぐし、麺同士がくっつかないようにする。

ペリメニ

ペリメニはロシアの水餃子。モチモチッとした皮が特徴で、サワークリームやハーブを添えて食べると、いつもの水餃子とはまた違ったおいしさ。帽子形(p.76参照)にするのもおすすめです。

材料(10個分)
米粉生地(p.6参照)　全量
合いびき肉　150g
玉ねぎ　50g
A おろしにんにく　小さじ½
　クミンシード　小さじ⅓
　塩　小さじ¼
　こしょう　少量
米油　大さじ½
サワークリーム　大さじ3
ディル　適量

① 玉ねぎはみじん切りにし、ひき肉とともにボウルに入れ、**A**を加えて練り混ぜる。
② 米粉生地は直径4cm程度の棒状に転がして10等分に切り分け、それぞれ丸める。打ち粉(米粉。分量外)をし、めん棒で直径12cm程度に丸くのばす。
③ ②の皮に①の具大さじ1をのせて半分に折り、縁を押さえて留める。
④ フライパンに米油を入れて中火で熱し、③を入れて両面に油を絡める。水大さじ1を回し入れてふたをし、2〜3分蒸しゆでにして火を止め、1分蒸らす。
⑤ 器に盛り、サワークリームをかけてディルを添える。

生地を転がして棒状にし、10等分に切り、それぞれ直径12cm程度にのばす。

具をのせて半分に折り、縁を押さえて留める。打ち粉が多くてはがれるときは水を少しつけて留める。

生地に油をなじませてから蒸しゆでにするとモチモチに。サワークリームとよく合う。

蒸す

せいろで蒸した米粉生地はモチッとしていて、やさしい口当たり。包む具を変え、形を変え、手作りの点心が手軽に楽しめます。

蒸しワンタン

えびで作った具を米粉生地で包んで、帽子形に成形。
皿ごとせいろに入れて10分ほど蒸せばでき上がり。
湯気の上がった蒸したてを、ねぎだれで食べます。

材料(12〜14個分)

米粉生地(P.6参照)　全量
むきえび　120g
長ねぎ　25g
A 片栗粉　小さじ1
　おろししょうが　小さじ¼
　しょうゆ　小さじ¼
　ごま油　小さじ¼
　塩　少量
ねぎだれ*　適量

*長ねぎのみじん切り、しょうゆ各大さじ1、しょうがのみじん切り、ごま油各小さじ1、酢、砂糖各小さじ½、五香粉少量を混ぜる。

① むきえびは細かくたたき、長ねぎはみじん切りにする。ボウルに入れ、**A**を加えて練り混ぜる。

② 米粉生地は打ち粉(米粉。分量外)をして28×21cm程度にのばし、7cm角に切る。切り落とした生地をまとめてなめらかに練り、同様にのばして7cm角程度に切る。

③ ②の皮に①の具小さじ2をのせ、対角で半分に折り、両端を真ん中で合わせる。合わせ目は指で軽く押さえて留める。

④ ごま油少量(分量外)をぬった皿に並べてせいろに入れ、蒸気が立った状態で10〜12分蒸す。ねぎだれを添える。

7cm角に切った生地に具をのせて三角に折り、両端を留めて帽子の形にする。

皿にのせて蒸す。ちょうどいいサイズの皿がなければオーブンシートを敷く。

いか焼売

いかとひき肉、豆腐で作った具を団子状に丸め、
細切りにした米粉生地をまとわせて蒸し上げます。
米粉生地のもっちり感と具のふんわり感のバランスが絶妙です。

材料(10個分)

米粉生地(P.6参照)　全量
いか　1ぱい
鶏ひき肉　30g
卵白　1個分
木綿豆腐　30g
A おろししょうが　小さじ$\frac{1}{3}$
　片栗粉　小さじ2
　塩　少量
玉ねぎ　50g
片栗粉　小さじ1
卵黄じょうゆ*　適量
練り辛子　少量

*卵黄1個分、薄口しょうゆ大さじ1をすり混ぜる。

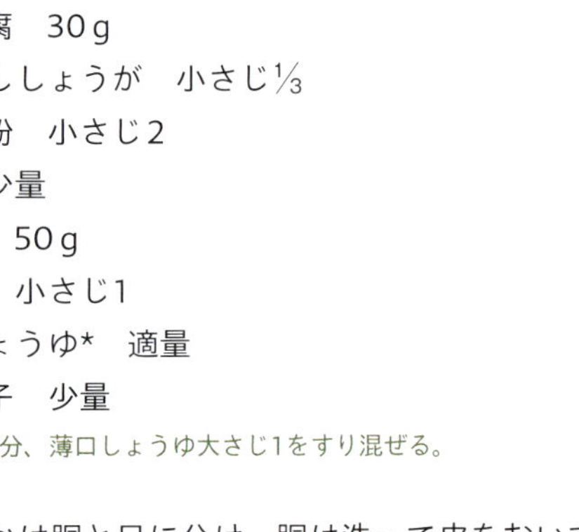

① いかは胴と足に分け、胴は洗って皮をむいて適当な大きさに切り、100g用意する。足は吸盤をそぎ落として30g用意する。

② フードプロセッサーにいかの胴、ひき肉、卵白、豆腐、Aを入れて撹拌し、すり身にしてボウルに入れる。

③ いかの足は細かく刻む。玉ねぎはみじん切りにして片栗粉をまぶす。ともに②のボウルに加えて混ぜ、10等分にして団子に丸める。

④ 米粉生地は直径24cm程度に丸くのばし、6cm幅の帯状に切る。打ち粉(米粉。分量外)をして重ね、5mm幅の細切りにする。

⑤ ③のまわりに④の米粉生地をふんわりとまとわせ、オーブンシートまたは小さいせいろ用調理シートに1個ずつのせ、せいろに並べる。蒸気が立った状態で12分ほど蒸す。

⑥ せいろごと皿にのせ、卵黄じょうゆ、練り辛子を添える。

6cm幅の帯状に切った米粉生地を重ね、端から5mm幅の細切りにする。

団子に細切りの生地をまとわせる。団子が見えなくなるくらいの量が目安。

オーブンシートまたは小さいせいろ用調理シートに1個ずつのせて、蒸す。

腸粉（ちょうふん）

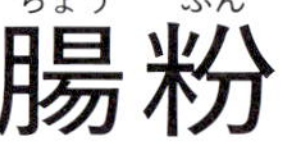

米粉生地を薄くのばして具をのせて、クルッと巻くだけ。
あとはせいろにおまかせで、生地にツヤと透明感が出たらでき上がり。
具は簡単なものでOK、濃いめのたれで食べるのがおいしい！

材料（4本分）
米粉生地（P.6参照）　全量
チャーシュー　80g
れんこん　30g
長ねぎ　½本
甘辛だれ*　適量
香菜　適量

*長ねぎのみじん切り大さじ2、しょうがのみじん切り小さじ1、オイスターソース、しょうゆ、ごま油各大さじ2、酢小さじ1、砂糖小さじ½、水大さじ4を混ぜる。

① チャーシューは薄切りにして1.5cm角に切る。れんこんは皮をむいて粗みじん切りにし、ラップで包んで電子レンジで1分加熱する。長ねぎは粗みじん切りにする。
② 米粉生地は4等分に切ってそれぞれ丸め、打ち粉（米粉。分量外）をして10×16cmの楕円形にのばす。
③ ②の皮の手前に①の具を等分にしてのせて巻く。
④ せいろに穴をあけたオーブンシートを敷き、③を巻き終わりを下にして並べ、蒸気が立った状態で12分ほど蒸す。
⑤ 食べやすい大きさに切って器に盛り、甘辛だれをかけ、香菜をのせる。

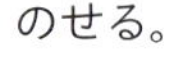

米粉生地は4等分にし、長方形に薄くのばす。小さく作りたければ6等分でもよい。

具はここではチャーシュー、れんこん、長ねぎ。チャーシューの代わりにむきえびでも。

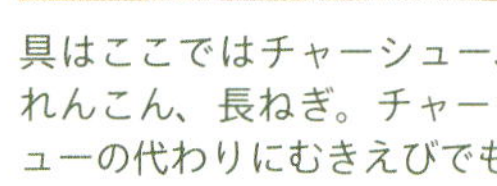

せいろにくっつかないようにして入れる。くっついていると、あとで離れにくい。

皮に透明感が出たら蒸し上がり。すぐに食べたいので、たれはあらかじめ作っておく。

ベトナム風蒸し春巻き

蒸した春巻きはモチモチッとして重量感があり、
生春巻きに比べてボリューム満点。
具もうまみたっぷりのひき肉ダネにして、味のバランスを取ります。

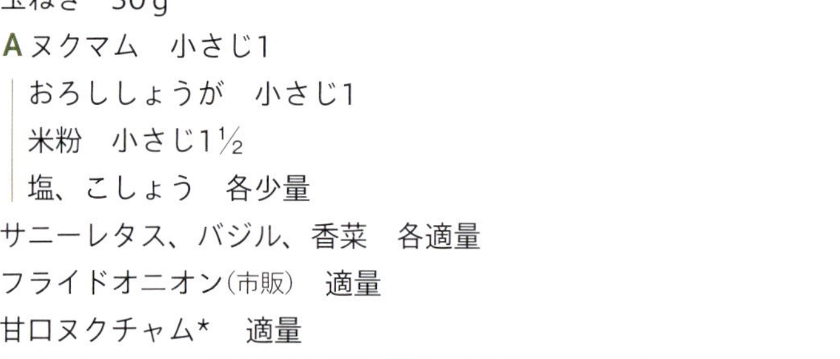

材料（4本分）
米粉生地（P.6参照）　全量
豚ひき肉　100g
カット干ししいたけ（もどしたもの）　10g
木くらげ（もどしたもの）　6g
玉ねぎ　30g
A ヌクマム　小さじ1
　おろししょうが　小さじ1
　米粉　小さじ1½
　塩、こしょう　各少量
サニーレタス、バジル、香菜　各適量
フライドオニオン（市販）　適量
甘口ヌクチャム*　適量

*ヌクマム、レモンの搾り汁または酢、砂糖、水各大さじ2、にんにくのみじん切り小さじ1、赤唐辛子の輪切り少量を混ぜる。市販品や市販の生春巻きのたれでも。

① 干ししいたけ、木くらげ、玉ねぎはみじん切りにする。ボウルに入れ、ひき肉、Aを加えて練り混ぜ、4等分にする。
② 米粉生地は4等分に切ってそれぞれ丸め、打ち粉（米粉。分量外）をし、16cm角にのばす。
③ ②の皮を角が手前にくるようにおき、①の具をのせ、春巻きの要領で巻く。
④ せいろに穴をあけたオーブンシートを敷き、③を巻き終わりを下にしておき、蒸気が立った状態で13分ほど蒸す。
⑤ 器に盛ってフライドオニオンを散らし、サニーレタス、バジル、香菜、甘口ヌクチャムを添える。サニーレタスの上にバジル、香菜、蒸し春巻きをのせて包んで食べてもよい。

米粉生地を四角くのばす。丸くのばしてもよい。やりやすい方で。

具をのせて包む。具は豚ひき肉、干ししいたけ、木くらげ、玉ねぎなどうまみの出る素材。

蒸している間に皮がはがれないように、巻き終わりを下にして蒸す。

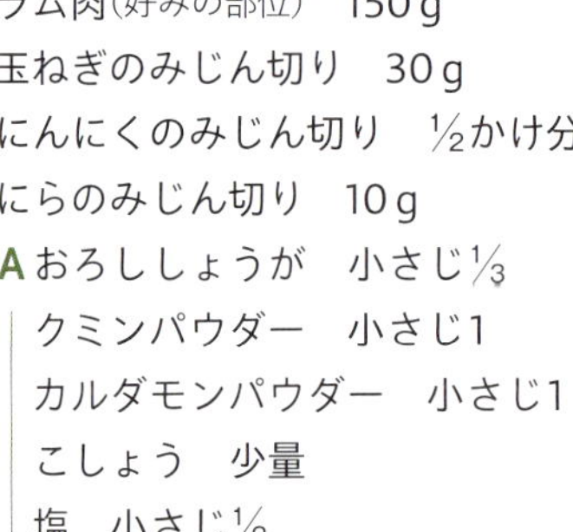
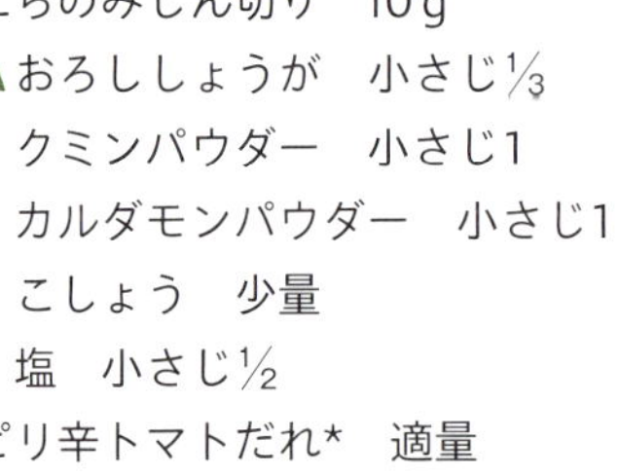

モモ

モモはネパール料理の一つで、スパイスが効いた小籠包のようなもの。現地では水牛で作るのがポピュラーですが、ここではラム肉を使い、ジューシーに仕上げます。ピリ辛トマトだれがアクセントです。

材料（6個分）

米粉生地（P.6参照）　全量
ラム肉（好みの部位）　150g
玉ねぎのみじん切り　30g
にんにくのみじん切り　½かけ分
にらのみじん切り　10g
A おろししょうが　小さじ⅓
　クミンパウダー　小さじ1
　カルダモンパウダー　小さじ1
　こしょう　少量
　塩　小さじ½
ピリ辛トマトだれ*　適量

*トマトペースト大さじ1、レモンの搾り汁、白すりごま各小さじ½、塩、チリパウダー各少量を混ぜる。

① ラム肉はひき肉のように細かくたたいてボウルに入れ、玉ねぎ、にんにく、にら、**A**を加えて練り混ぜ、6等分にする。
② 米粉生地は6等分に切ってそれぞれ丸め、打ち粉（米粉。分量外）をし、直径12cm程度に丸くのばす。
③ ②の皮に①の具をのせ、ひだを寄せながらまわりの皮を真ん中に集めて包み、指で押さえて留める。
④ オーブンシートまたは小さいせいろ用調理シートに1個ずつのせ、せいろに並べ、蒸気が立った状態で12分ほど蒸す。
⑤ 器に盛り、ピリ辛トマトだれをのせる。

米粉生地を6等分にして丸くのばす。だいたい丸い感じになっていればよい。

小麦粉生地のようにのびないので、皮を引っ張らずに寄せていくようにする。

くっつかないように、モモの下にはオーブンシートまたは小さいせいろ用調理シートを敷く。

具の中まで火が通ったら蒸し上がり。皮に透明感が出ておいしそう。

オーブン焼き

調理法別に楽しむ

仕込みにはちょっと時間がかかりますが、高温のオーブンで焼いたオーブン料理のおいしさは唯一無二。タルトやラザニアが米粉生地で作れます。

じゃがいものクリームタルト

基本の米粉生地にパルミジャーノチーズを入れてタルト台にし、
じゃがいもを敷き詰めて生クリームをかけて焼き上げます。
面倒なソース作りは一切なし、簡単に作れておいしさは一級品です。

材料（直径18cmのタルト型1台分）
米粉生地（P.6参照）　全量
パルミジャーノチーズのすりおろし　20g
じゃがいも　3個（正味300g）
A 生クリーム（乳脂肪分35%以上）　150mℓ
　塩　小さじ$\frac{1}{3}$
　ナツメグ、こしょう　各少量
ローズマリー　1枝

① 型に薄くオリーブ油（分量外）をぬる。
② 米粉生地はチーズを加えてなめらかになるまで練り混ぜる。
③ 打ち粉（米粉。分量外）をし、めん棒で型より一回り大きくのばし、型にきっちりと敷き込み、余った部分はめん棒で切り落とす。切り落とした生地は細長くのばし、3cm長さに切る。
④ じゃがいもは皮をむいて薄切りにし、③の上に少しずつずらしながら並べ、間に③の残った生地を散らす。
⑤ **A**を混ぜ合わせてじゃがいもの上から流し入れ、ローズマリーをちぎって散らす。天板にのせ、180℃に予熱したオーブンで35～45分焼く。
⑥ ケーキクーラーなどにのせて粗熱を取り、型から出す。

基本の米粉生地にチーズを混ぜる。できれば、直前にすりおろして入れると香りがよい。

生地を型に敷く。側面は指で押さえて隙間のないようにし、上面はめん棒を転がして切り落とす。

ラザニア

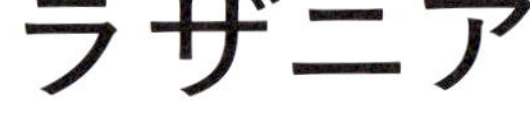

隠し味にみそをちょっと使った牛肉100%のミートソース、
ブロッコリー入りの手作りベシャメルソースが、おいしさの決め手。
これ一品で栄養のバランスが取れるのもうれしい。

材料(23×14×高さ7cmの耐熱容器1台分)

米粉生地(P.6参照)　全量

ミートソース
- 牛ひき肉　300g
- 玉ねぎのみじん切り　80g
- マッシュルームのみじん切り　50g
- にんにくのみじん切り　1かけ分
- オリーブ油　大さじ1
- カットトマト缶　1缶(400g)
- **A** 赤ワイン　50mℓ
  - みそ　大さじ1
  - 塩　小さじ⅓
  - こしょう　少量
  - ローリエ　1枚

ブロッコリーベシャメルソース
- ブロッコリー　150g
- バター　20g
- 米粉　40g
- 牛乳　400mℓ
- 塩　小さじ½
- こしょう　少量

ピザ用チーズ　100g

① ミートソースを作る。鍋にオリーブ油を中火で熱し、玉ねぎ、にんにく、マッシュルームをしんなりするまで炒め、ひき肉を加えてポロポロになるまでさらに炒める。
② カットトマト、**A**を加え、もったりするまで7分ほど煮詰める。
③ ブロッコリーベシャメルソースを作る。ブロッコリーは粗みじん切りにする。フライパンにバターを入れて熱し、ブロッコリーを入れて炒め、米粉をふり入れて全体に行き渡るように炒める。
④ 牛乳を注ぎ入れ、とろみがつくまで煮て、塩、こしょうで味を調える。表面が乾かないようにラップを張りつけて粗熱を取る。
⑤ 米粉生地は打ち粉(米粉。分量外)をして耐熱容器のサイズの3倍にのばし、3枚に切る。
⑥ 耐熱容器に薄くオリーブ油(分量外)をぬり、④のベシャメルソース少量を薄く広げる。生地1枚を入れ、ミートソース、ベシャメルソース、チーズ一つかみの順に重ねる。これをあと2回繰り返す。
⑦ 180℃に予熱したオーブンで30〜40分焼く。

米粉生地を容器の3倍のサイズにのばし、包丁で3等分に切り分け、容器にぴったりはまるようにする。

ベシャメルソースを少し敷き、生地、ミートソース、ベシャメルソース、チーズの順に重ねる。

チーズの上に生地をのせ、さらに順番に重ねていき、3段にする。

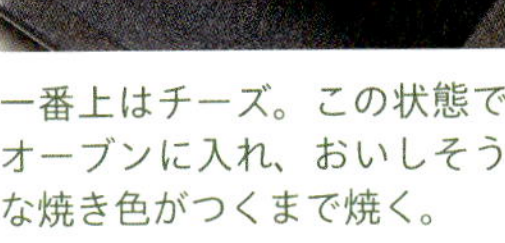

一番上はチーズ。この状態でオーブンに入れ、おいしそうな焼き色がつくまで焼く。

野菜の豆乳キッシュ

基本の米粉生地にすりごまを入れてタルト台にし、
数種類の野菜をのせてアパレイユ(卵液) をかけて焼き上げます。
アパレイユはマヨネーズと豆乳を使った簡単バージョンです。

材料(直径18cmのタルト型1台分)

米粉生地(P.6参照)　全量
白すりごま　20g
なす　大1本
ズッキーニ　½本
玉ねぎ　⅓個
コーン(水煮)　大さじ3
米油　大さじ½
塩、こしょう　各少量
ミニトマト　4個

A 卵　1個
マヨネーズ　30g
パルミジャーノチーズのすりおろし　10g
おろしにんにく　小さじ½
塩　小さじ⅓
こしょう　少量

豆乳(成分無調整)　150mℓ

① 型に薄く米油(分量外)をぬる。
② 米粉生地にすりごまを加えて練り混ぜる。
③ 打ち粉(米粉。分量外)をし、②をめん棒で型より一回り大きくのばし、型にきっちりと敷き詰め、余った部分はめん棒で切り落とす。切り落とした生地は細長くのばし、3cm長さに切る。
④ なす、ズッキーニ、玉ねぎは1cm角に切り、米油を熱したフライパンでしんなりするまで炒め、コーンを加えて塩、こしょうをふる。ミニトマトはヘタを取って半分に切る。
⑤ ③の上に④を全体に広げてのせ、③の残った生地を散らす。
⑥ **A**を混ぜてなめらかにし、豆乳を加えてのばし、⑤に流し入れる。天板にのせ、180℃に予熱したオーブンで30〜40分焼く。
⑦ ケーキクーラーなどにのせて粗熱を取り、型から出す。

基本の米粉生地にごまをたっぷり入れる。焼いても米粉生地がかたくならず、香ばしい。

型に生地をしっかりと敷き込み、上面はめん棒を転がして余分な生地を切り落とす。

切り落とした生地を一まとめにし、細長くのばして3cm長さに切る。これも野菜の上に散らす。

豆乳とマヨネーズを入れたアパレイユを型の上まで流し入れ、オーブンへ。